コンピュータに かわいいを 学習させたら 何が 起きたか

だれも教えてくれなかった
ビッグデータ分析のノウハウ

遠山 功 INSIGHT LAB株式会社
代表取締役CEO

ダイヤモンド社

はじめに

現実の社会とデジタルを橋渡しする

　「コンピュータにかわいいを学習させたら」何が起きたか。答えは「モノ作りが根本から変わり、経営改革が大きく進んだ」ですが、もちろん、かわいいを学んだだけでそうなったわけではありません。かわいいという感覚を数値化して、ビジネスのデータと融合させることによって、新しいビジネスの手法が生まれ、そこで収益が改善していったと、いくつもの段階があります。日々、等比級数的に増え続けるデータのことをビッグデータと呼び広く注目を浴びるようになっていますが、ビッグデータとは「そこにあるもの」だけでなく、「かわいい」を学習させるなどして作り出すこともできるのです。この本では、こうしたビッグデータの分析とマネジメントの高度な統合について、さまざまな実例を紹介しながら解説していきます。

　人間が気づくことができなかった、さまざまな生活行動や社会の特性をあぶり出す。ビッグデータは、社会に新しい知見をもたらす宝の山として期待されるようになって、10年近くが経とうとしています。

　世に伝えられた「成果」は、驚くべきものでした。
「街中で犯罪が発生する時間と場所を予測する」
「自動車から自動的に送られてくる走行情報から渋滞の情報を得て最適なルートを提示する」
「入力された検索キーワードと検索された場所を集計してインフルエンザの流行を検知する」

「女性の買い物傾向から妊娠初期段階を推測する」

その魔法のような成果を伝えるニュースは、どこかで見聞きした経験があるでしょう。

宝の山は、なお一層光り輝く存在として受け止められてきています。

最近ではビッグデータを分析するための機械学習やＡＩの技術開発も進み、あなたがいま、パソコンに取り込んでいるデータからでも金脈は必ず見つかる、そういう時代が到来しているということです。既存の技術、普通のコンピュータだけでも、ビジネスを劇的に変える分析システムはできるのです。

では、なぜそれがいまあなたの身近なところで、データ分析による革新が起きていないのか。この本の中でさまざまな実例を紹介しますが、どんなデータ分析に際しても、「小さな問題」が存在して、それを解決できずにいるという理由がほとんどです。しかも、その問題とは、パソコンの性能やプログラマーのスキルによるものではなく、むしろ人間の発想力や企業が抱えている構造的な問題、データの生成過程に起因します。多岐にわたる問題を解決することこそ、分析システムを作って企業や社会に変革をもたらす際に重要な仕事になっています。

ビッグデータや人工知能や機械学習、ディープラーニングなどという言葉に期待が寄せられている昨今ですが、こうした夢の技術は、現場に転がっている「小さな問題」を解決できない限りは絵空事でしかありません。ある意味で人間らしい「小さな問題」についてはこれまで語られることがありませんでした。端的に言

えば、分析を試みる際に直面する「小さな問題」を「それはコンピュータで解決する問題ではない」「コンピュータ技術者の責任の範囲外だ」と、責任の所在、解決の担当者を明らかにしないまま問題解決がなおざりにされているからでしょう。

確かに企業が抱える構造的問題は、コンピュータ技術者が責任を負うべき問題ではありません。ですが分析システムを構築する上では、超えなければならない障壁となる大問題です。それが分かっているのは、現場を知る実務家だけなのかもしれません。

ハイプ・サイクル（Hype Cycle）というICT関係者が注目しているグラフがあります。アメリカの調査会社、ガートナーが毎年、ICT分野の最新技術に対する市場の期待度を波形のグラフで示したものです。新しい技術が生まれると、最初は過剰に期待され、それがいったん停滞（幻滅と表現されている）、次に市場に実質的な浸透が始まって、成熟した技術として広まっていくという変遷を示すもので、話題となった技術がどの段階にあるのかが一目で分かるようになっています。

過去の多くの新技術は、このサイクルを忠実になぞるように、過剰な期待から幻滅を経て世の中に広まっていきました。それ故に、このグラフの信頼性には定評があります。

「ビッグデータ」もこの調査の中で取り上げられています。この言葉に対する過剰な期待がピークに達していたのは２０１３年。そこから急速に幻滅の坂を転げ落ちていき、最新２０１８年

図１ 幻滅期を過ぎたビッグデータは陳腐化するとの予測

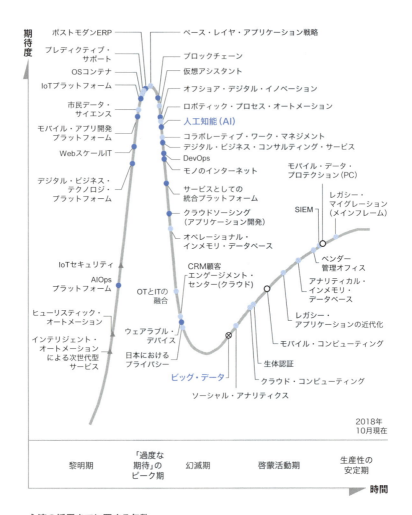

出典：ガートナー（2018年10月）を元に著者作成

版でビッグデータは「安定期に達する前に陳腐化する」と、かなりショッキングな表現となっています。これはどういうことか。少しだけガートナーによる解説があります。

> ビッグ・データの活用に向けた検証や試行は、医療、製造、公共サービス分野、さらには顧客とのエンゲージメントといったさまざまな業種や業務において今後も進むと考えられますが、対象が曖昧な『ビッグ・データ』という表現は使われなくなり、業種・業務特化型ソリューションの一部として広がっていくとみているためです。

　つまり、ビッグデータは元々ひとつの言葉でひとくくりにされた概念では捉えきれないものであり、今後はさまざまな分析のニーズに合わせてデータの利用形態、用途とともに拡大していく、そういう意味です。弊社の中核事業であるデータ分析とソリューションの提供は、まさしくこのビッグデータを作製し、利用するところからスタートするのですが、ガートナーの解説は私たちの皮膚感覚ともマッチするものになっています。
　ＩＴの世界は、新しい技術や概念が生まれると、それを総称する言葉をだれかれともなく使い始め、固有名詞化していきます。しかし、それらの言葉の厳密な定義は何かというと、じつに曖昧なものであることが非常に多いのです。
　ビッグデータもそうしたもののひとつでした。その定義は本書の中でも紹介しますが、後付けでビッグデータを解釈したもので

しかありません。

　最初は、技術の進歩によって巨大なデータを扱える環境が整ってきただけでした。そうすると、これまで不可能だったデータ分析や予測が、特に小売り現場での消費者の行動分析を中心に、徐々に成果を見せ始めます。これに驚いた関係者が、「これこそ夢の技術だ」とばかりに期待を膨らませ、そのベースとなるデータ群を総称して「ビッグデータ」と呼び始めたのが実態です。

　こういう経緯から生まれた概念なので、ビッグデータと呼ばれているものの、大きさやデータの形式、データの生成元にはじつに幅広いバリエーションがあります。巨大なコンピュータシステムでないと扱いきれないものもあれば、パソコンに取り込んで分析に使えるものもあります。整然とデータが揃っているものもあれば、ありとあらゆるデジタルデータがいっしょくたにされているものも存在します。それぞれにまったく違った用途開発の可能性があります。こうしたビッグデータの多様な「素顔」が、ガートナーが解説する「業種・業務特化型ソリューションの一部として広がっていく」という表現の裏側にあります。

　逆に言えば、どんなジャンルのビジネスにも、分析することによって新しい知見を見つけられるようなデータが存在します。データ分析が行われていないとしたら、それは「データがない」のではなく「データを使っていない」にすぎません。

　もうひとつ、弊社に深く関係するキーワードがあります。セルフBI（セルフサービスBIと呼ぶ場合もありますが、本書では

セルフＢＩと表記します）です。

　ＢＩとはビジネスインテリジェンス（Business Intelligence）の略語で、データを収集、分析、加工して経営戦略の意思決定を支援する手法や技術のことです。

　ＢＩも、ＢＩのために特化したソフトウェアやデータ処理サービスが登場することで、ここ10年ほどで急速に広まった言葉です。これまで分析が不可能だったために見えていなかった顧客の行動、処理に時間や手間がかかるが故に放置されてきたデータが、ようやく意思決定層の手の届くところに落ちてきて、分析による成果を見せ始めたのです。

　ＢＩは、当初はデータの専門家が指示を受けて集計・分析した結果だけを意思決定者である経営トップに見せるものでした。その後、ソフトウェアの高度化、大衆化によって、意思決定者自身の手によって何度も試行錯誤しながら分析、戦略の検討ができるような環境が整ってきました。

　いまでは、そうしたソフトはＢＩツール（Business Intelligence Tool）と総称されています。いくつかの製品が販売されていますが、まだなじみが薄いジャンルでしょう。共通している特徴は、可視化の機能が高いデータベースソフトという部分です。

　セルフＢＩのセルフとは、自分で自由に分析したり、その奥にあるデータにアクセスするという意味のセルフであり、これによってＢＩはさらに身近なものになっているのです。本書では特にセルフＢＩが可能になっているツールをセルフＢＩツールと呼びます。

セルフＢＩの時代に、ビッグデータを自由に分析できる環境を提供する、それがＩＮＳＩＧＨＴ　ＬＡＢのドメインです。

　セルフといいながら私たちのスキルが必要とされるのは、先に触れた「小さな問題」の解決が必須だからという側面があります。データの収集やコンピュータに実装するための処理、そして分析手法を取り入れた設計などは、相変わらず専門の技術者を必要とします。

　データの準備や分析から現場へのフィードバックまでの工程を担うには、高い技術力だけでなく、対人関係に優れたコミュニケーション能力、マーケット分析のための発想力、意思決定層を説得するプレゼンテーション能力なども不可欠であり、人間くさい課題解決策が求められることが多いのです。だから、データ分析は将来にわたって必要とされる専門性の高い仕事であると考えています。

　ＩＮＳＩＧＨＴ　ＬＡＢ創業から十数年、現場で鍛えられ、積み重ねてきた知見を本書で紹介します。第１章では、データ分析のための環境作り、第２章で分析の発想と手法、第３章で分析の可視化手法、第４章でデータ分析の実例、第５章で、新しい時代に必要な人材論を展開していきます。本書を読んだ人にとって、データを活用したビジネスの新しいブレイクスルーのきっかけとなれば、それこそが本意です。

　この本を執筆できたのは、取引先のみなさま、協力会社さま、弊社社員や友人たち、そして家族の支えがあってこそです。この場を借りて、謝意を表します。

目次 CONTENTS

はじめに
現実の社会とデジタルを橋渡しする……003

第1章 ビッグデータをどうやって料理するのか

そもそもビッグデータとはなにか……018

ビッグデータの3つの特徴……021

目の前にあるビッグデータ……022

ビッグデータ活用のPVAO……025

P（データの準備）
分析までの遠い道のり……027

V（データの可視化）とA（データの分析）
表計算ソフトの限界……035

O（データの運用）
マウスのクリックだけで使えるか……039

立ちはだかる人間の壁……040

第2章 分析は設計ですべてが決まる

何をなぜ分析するのかを確認する……046
ステップ1　フレームワークで課題を発見する……046
ステップ2　分析手順を決めてデータを整理する……054
ステップ3　分析に使うデータを定義して計算する……059
ステップ4　判断を的確に、容易にする可視化……063

第3章 分析の基本10パターンはこう使う

どんなグラフも単純なデータの組み合わせ……073

1　ベン図（関連性、グルーピング、空間）
　　円にして大きさと重なりを比較する……073

2　メッコチャート（関連性、クロス、内訳）
　　複数の要素を積み上げと面積で表現する……075

3　ランキング（グルーピング、内訳、時系列）
　　重要度で並べた順に傾向を探る……077

4　パレート図（内訳、グルーピング）
　　重要なアイテムを見つける……079

5 変化の可視化（時系列、プロセス）
　　フラグを立てる……083

6 レーダーチャート（内訳、関連性、空間）
　　複数の指標と項目を総合的に比較する……085

7 ＫＰＩの体系化（空間、プロセス、関連性）
　　ツリー状につなげる……087

8 顧客動向の可視化（時系列、内訳）
　　データの切り口を変える……091

9 減衰率と安定率（時系列、プロセス、関連性）
　　顧客の浮気度を可視化する……095

10 ヒートマップ（時系列、空間）
　　色分けしてざっと眺める……097

11 滞在時間（時系列、プロセス）
　　線の角度と密度で表現する……099

12 経路の可視化（プロセス、空間）
　　空間に配置する……103

13 散布図（空間、関連性）
　　相関関係を明らかにする……105

14 カスタマージャーニー（関連性、プロセス）
　　リピーターの購買品目を明らかにする……107

「ローパワード」の力をフル活用する……110

第4章 私たちはこうやってデータ分析で企業の問題を解決してきた

エンジニアリング会社A社
**働き方改革に危機感を持つ経営陣が
自ら把握できるように勤務状況を可視化**……114

大手小売りチェーンB社、テレビ放送キー局C社、衣料小物製造D社
人間が汚したデータを分析のために「洗浄」する……118

製薬会社E社ほか
データだけでなく人間にも必要な標準化……123

大手機械メーカーF社の場合
**ばらばらのデータをつないで
10時間の作業を10分に短縮する**……128

マーケティング会社G社
**20億件の販売データ処理を高速化するために
先回りして計算する**……134

ダイレクトマーケティング関連H社、通販専門保険会社I社
優良顧客はどこから獲得できたのかを特定する……140

医療資材商社J社
結局は現場のおばちゃんに勝てなかった物品の管理……144

旅行代理店K社、劇場運営会社L社
埋もれた顧客のデータを掘り起こす……148

アパレル大手M社
**コンピュータにかわいいを
学習させたら何が起きたか**……155

第5章 データストラテジストの時代がやってくる

経営改革につながってこそ価値が出る
データ分析……166

技術と経営の連携を実現するBIツール……167

マネジメントまで理解している
データストラテジスト……170

AIは判断材料であって結論ではない……171

マネジメントにフィードバックして
初めて機能するAI……176

あとがき
これからもビッグデータを料理し、
社会を豊かにしていく手伝いをしたい……179

第 **1** 章

ビッグデータを
どうやって
料理するのか

ビッグデータ分析のためには特に準備段階の作業が重要になります。データが分析に最適化されていない限り、分析は始められないからです。本章では、ビッグデータには数値データばかりでなく音声や画像までありとあらゆるデータが混在していることを紹介し、準備段階でのデータの整理統合の手法から、セルフＢＩツールを使った可視化、分析、そして実際の運用までの流れをＰＶＡＯという段階ごとに解説していきます

そもそもビッグデータとはなにか

　ビッグデータのことを、あなたはこんな風に思っていないでしょうか。「あんな手品のような分析は世界的企業や最先端の技術者だからできることで、自分のビジネスとは別世界の出来事じゃないか」。
　一面的には、その感覚は正しいといえます。それは、世界的企業にはデータの塊を宝の山に変えるだけの環境があるからです。
　企業経営と同じで、ビッグデータの利用にも「ヒト」「モノ」「カネ」の要素は不可欠です（最近は「ヒト」「ヒト」「ヒト」と言われることも増えていますが）。データを扱うプログラマやデータサイエンティストと呼ばれる専門家、大量のデータ処理を可能にするコンピュータやクラウドサービス、ソフトウェアと、こうしたものを入手し維持するための資金。ビッグデータが起こす奇跡のような知見は、恵まれた環境から生まれたものが少なくないのです。
　しかし、別世界のものと線引きする必要はありません。ビッグデータの「ビッグ」さにもいろいろありますし、その分析手法も、「ヒト」「モノ」「カネ」が十分でなくても実現するものが数多くあります。むしろ、最先端企業が取り扱う巨大データではなく、もっと身近なところで手つかずのまま放置されている「ビッグデータ」こそが、ビジネスを変革する可能性の高いジャンルでもあるのです。

　それはどういうことか。まずビッグデータとは何かということから整理していきましょう。

総務省の情報通信白書では毎年のようにビッグデータの定義と現状について解説がなされています。その一部を紐解いてみます。

> デジタル化の更なる進展やネットワークの高度化、またスマートフォンやセンサー等 IoT 関連機器の小型化・低コスト化による IoT の進展により、スマートフォン等を通じた位置情報や行動履歴、インターネットやテレビでの視聴・消費行動等に関する情報、また小型化したセンサー等から得られる膨大なデータ、すなわちビッグデータを効率的に収集・共有できる環境が実現されつつある。特に、近年ビッグデータが注目されているのは、従来の ICT 分野におけるバーチャル（サイバー空間）なデータから、IoT の進展などを始め、新たな ICT におけるリアルなデータへと、あるいはBtoCのみならずBtoBに係るデータへと爆発的に流通するデータ種別へと拡大しているためである。
>
> 世界のトラヒックの状況についてみると、米 Cisco によれば 2015年から 2020年にかけて年平均成長率 22％（5 年間で約 2.7倍）でさらに増加していくことが予想されている。2020年には1か月あたり194エクサバイト（EB）、年間にすると 2.3 ゼタバイト（ZB）に達する。特に、モバイルデータは年平均成長率 53％（5 年間で約 7.8 倍）で増加し、全体の伸びを牽引していくことが予想される。（平成２９年度版）

　と、世界中で急速に増えているデータの存在が紹介され、それがネットワーク化、あらゆるところに組み込まれた各種のセンサーから自動的に集められるデータであると分析されています。
　そしてそれらのデータを、

図2 ビッグデータにはさまざまな形式のものが混在している

(出典) 総務省「情報流通・蓄積量の計測手法の検討に係る調査研究」(平成25年)

1. 政府：国や地方公共団体が提供する「オープンデータ」
2. 企業：暗黙知(ノウハウ)をデジタル化・構造化したデータ
3. 企業：M2M(Machine to Machine)から吐き出されるストリーミングデータ
4. 個人：個人の属性に係る「パーソナルデータ」

という4つのカテゴリーに分類しています。

ビッグデータという言葉でくくれないほど、種類も用途もバリエーションが多彩であり、それぞれのジャンルの中で新たな可能性を秘めているというのが、その大意です。

ビッグデータの3つの特徴

では、これらのデータはどんな特徴を持っているのでしょうか。
一般的には3つの「V」という言葉で説明されることが多いので、ここではそれを紹介します。

1. データ流通量(Volume of Data)
2. データの速度(Velocity of Data)
3. データの種別(Variety of Data)

注目しておくべきは、ビッグデータに関してのデータ量について明確な基準はないことです。あえて定義するとしたら一般的な手段では処理しきれない量があり、構造的には自動生成されたり、新たにデータ化された知見、広く一般に公開されるようになっているデータが新たな社会的資産になるほど膨大な量、とでもなる

でしょうか。それが1の流通量の意味です。

　センサーや機器からもデータは自動的に瞬時に生成され、それがネットなどを通じて集められています。従来の各種の統計調査や定期的に集められるデータとは違い、生成・収集に至るまでの速度が格段に速いというのが2番目の速度の特徴です。

　問題になるのは、3番目に取り上げられている種別です。

　非構造化という言葉が使われますが、これは表計算やデータベースで使われるような整った形のものだけでなく、画像、動画、PDF、音声、テキスト、ワープロ文書、センサーが生み出す数値など、ありとあらゆる形式のデータが山のように集まってビッグデータを構成しているという意味です。

　こうした特徴を持ったビッグデータから、社会問題の解決やビジネスの成功に役立つ知見を得ることができると期待されているので、情報通信白書も毎年のようにビッグデータに関する特集を取り上げているのです。これに付随するように、このビッグデータを効率的に分析するツールとして取り上げられるのが人工知能（AI）であり機械学習、ディープラーニングというキーワードであると理解すれば、おおまかな流れをつかむことができるでしょう。

目の前にあるビッグデータ

　先にビッグデータの量的な定義はあいまいだと書きましたが、漠然と共通認識となっているデータ量の目安がないわけではありません。それは、ローカルのパソコンや一般的なデータベースソフトでは処理しきれず、ネットワークでつないだコンピュータを使って、最新のデータベースを使うのに適したデータ量というも

のです。実際にHadoopやNoSQLという仕組みに注目が集まるのは、大量のデータ処理という課題による要因が大きいと思われます。

しかし、と私たちは考えています。

課題解決に役立つビッグデータは、果たしてそれだけビッグなものばかりなのでしょうか。

あらゆる企業や団体には、日々蓄積されるデータがあります。もちろん、あなたの身の回りにも存在します。それは経理や販売の数値データだけでなく、社員が書く日報、統計や調査レポート、メール、取引先から提供される報告書など、コンピュータやセンサーがあるところで、データは時々刻々と生成され続けています。それもまた、3つのVの条件を少しずつ満たしたビッグデータです。

ではなぜ、あなたの身の回りにあるビッグデータは奇跡を起こしてくれないのでしょうか。

事業を進める上でのデータ処理における課題について、いくつかのポイントを自らのビジネスに照らしてみてください。

1. 目の前にあるデータをパソコンで使える形に処理できているだろうか。
2. ローカルなパソコンで使える量のデータであったとしても、それを分析に使えているだろうか。
3. ローカルなパソコンで分析できたとしても、それを意思決定すべき人間が理解できる形にしているだろうか。
4. 処理、分析、経営判断した結果を現場に落とし込めているだろうか。

4つのどれか、もしくはすべてに何らかの障壁があると感じていないでしょうか。こうした問題を解決するのが、データを高度に分析する専門家であるデータサイエンティストやデータアナリストと呼ばれる人間ですが、現状でその数は少ないのです。

　数の問題だけでなく、そうした専門家を社内で抱えられる、言い換えれば、データの処理分析に専門家を雇うだけの経済的なメリットを理解できている企業もまた少ないはずです。事業部やプロジェクト単位のビジネスで利用するデータの量はそれほど大きくなく、データ分析によって業務改善、市場開拓の期待値が人件費を明らかに上回るほどでない場合はなおさらです。

　しかし、ビジネスの現場におけるデータ分析のニーズとは、むしろそのレベルのものの方が多いのです。現実に行われているデータ分析とは、目の前にあるデータを、統計や表計算ソフトに多少心得のある担当者が試行錯誤しながら分析を試みる。それで解決策が見つかればいいのですが、できない場合はデータが宝の山と分かっていても放置され、旧来の経験と勘の判断にゆだねられます。たとえうまくいった場合でも、担当者が変わったら新しい分析に対応できなくなります。

　そんな状況は、だれもが日常的に目にしているはずです。こういう現場からのSOSを受けて、私たち専門家の仕事が生まれてくるのです。

　大手流通業や自動車会社、コンピュータ会社から発せられる派手な成功事例ではない、小さな問題解決。数十億ではなく数百万円のコストダウンや市場開拓。従来は想定し得なかった新たな課題解決のためのソリューションの実現とは、多くはパソコンの中で眠っているデータを揺り起こすことで実現するものです。

　「ヒト」「モノ」「カネ」がなく、自力で分析の基盤を作る技術

がないために放置されている、中途半端な規模の「ビッグデータ」を本書では「ローカルビッグデータ」と名付けて、その分析手法を紹介します。いまも手つかずの巨大市場として放置されているのですが、それはちょっとした発想の転換、目の付け所を変えれば解決することをご理解いただけることかと思います。

ビッグデータ活用のPVAO

それでは、ローカルビッグデータの分析における問題点とはなんでしょうか。

量の大小を問わず、データから知見を得てビジネスに生かそうとするときには、いくつかの段階を踏まねばなりません。

1. データの準備（プレパレーション　Preparation）
2. データの可視化（ヴィジュアライゼーション　Visualization）
3. データの分析（アナライゼーション　Analyzation）
4. データの運用（オペレーション　Operation）

これまた私たちの定義ですが、頭文字を取ってPVAOサイクルと名付けます。データを収益に繋げる場合は、このPVAOサイクルが滞りなく回転する必要があります。それがビジネスの現場におけるデータ分析の基本的な流れです。

ここで1点、確認しておかねばならないことがあります。多くのアナリティクスの解説書では、「PAVO」と可視化のVと分析のAの順番が逆になっていることです。

なぜ逆になっているのか。これにはセルフBIツールの利用が前提になっているかどうかで変わってきます。セルフBIツール

図3　データ分析はPVAOの
4つの段階で構成されている

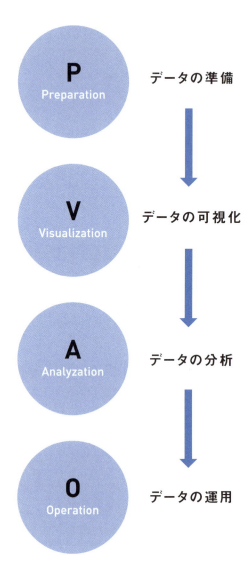

を使わない場合は、意思決定者と分析者は別人です。分析には専門家の技術や熟練が必要になるからです。意思決定者は企業経営者、分析者はデータサイエンティストのような分析の専門家や現場の事業担当者となります。分析者がデータの中からなにがしかの知見を得て、それを意思決定者に分かりやすく伝えるために可視化を行うという手順になります。つまりＰＡＶＯの順番です。

しかし、セルフＢＩツールの登場は、その可視化基盤を使った意思決定者自身による分析を可能にしました。セルフＢＩツールを使えば、データの可視化を行い、コンピュータを高度に使いこなせなくても、可視化によって現状を正確に理解できるようになり、課題発見、問題解決のための分析を行うことができるのです。だから、可視化が先で、分析が後になっているのです。

P（データの準備）
分析までの遠い道のり

では分析の実際を順を追って見ていきましょう。

まずはＰ。データの準備にはいくつかの段階があります。分析対象の理解、分析内容の決定、データの収集（専門家はエクストラクト＝抽出と呼びます）、データの変換（トランスフォームと呼ばれますが、中でもデータの形式を統一するクレンジングと呼ばれる作業にもっとも手間がかかります）とデータの格納（ロード）です。

まずは分析内容の決定です。これは意思決定者である経営者が設定する目標であると言い換えてもいいでしょう。

経営学の父と呼ばれるピーター・Ｆ．ドラッカーは、経営者の意思決定についてこう述べています。

> 戦略的な意思決定には状況を把握することが必要である。状況を変えることさえ必要である。さらには、いかなる資源が存在するか、いかなる資源が必要かを知ることが必要である。
> （中略）
> 戦略的な意思決定では、範囲、複雑さ、重要さがどうあろうとも、初めから答えを得ようとしてはならない。重要なことは、正しい答えを見つけることではない。正しい問いを探すことである。間違った問いに対する正しい答えほど、危険とは言えないまでも役に立たないものはない。
> 『現代の経営』（上田惇生訳　ダイヤモンド社　２００６年　原著は１９５４年刊）

　ここでの「正しい答え」は、そのまま「分析から導き出せる結果」と読み替えることができます。その分析の出発点となるのが「正しい問い」なのです。

　正しい問いとは、ビッグデータを分析する場合、課題発見、問題の理解に他なりません。なぜその分析をするのか、何を解決する必要があるのか。これを常に問い続けなければ分析が徒労に終わることになります。

　じつは、出発点を間違えたために、あるいは出発点で手を抜いたために行き詰まる事例は多いのです。

　何のために、が間違っていたりあいまいなら分析結果も役に立たないことは、ドラッカーが指摘している通りです。

　加えて、処理段階にも問題が発生します。分析の段階では、ほとんどの場合いくつかのデータをクロス集計して傾向や結果を明らかにするのですが、クロスするデータは多いときに１０項目近

くにもなります。無駄な分析まで加えてしまうとデータ量が膨大になって、コンピュータの処理が追いつかなくなるのです。

　後の章でも、さまざまな事例とともに紹介しますが、「何のために分析するのか」は、分析から得られる知見、ひいては経済的効果を大きく左右しますし、「どうやって分析するのか」を固めておけば、分析処理の効率を高める方法を用意できます。ガベージイン・ガベージアウトという言葉があります。ガベージ、つまりゴミを入力しても、ゴミしか出てこないという意味です。最初の思考の手間を惜しむとよい分析結果が得られないのですが、意外におざなりにされている事例がとても多いことは、強調しておかねばなりません。

■データ利用には"洗浄"が不可欠

　こうして分析の目標と方法を固めたら、必要なデータを収集します。

　もっとも重要であり手間がかかるのは、収集の次の段階であるクレンジングです。分析作業のかなりの部分は準備段階に費やされることが多いのです。これはビッグデータの特徴である非構造化と深く関係しています。

　コンピュータで分析を行う場合、文字や数字のデータは、処理に適した形式になっていなくてはなりません。たとえば、データを表計算ソフトやデータベースに取り込むためには、文字や数字が、それぞれ独立したデータであることをコンピュータが理解できるように変換されている必要があります。たとえば、文書データの中に売上高１００万円という記載があったとしても、これは「売上高１００万円」という一つのデータの塊でしかなく、コンピュータにはなんの情報も伝わっていないことになります。これ

図4 データはレイク（湖）に貯められたり、
　　 ウェアハウス（倉庫）に保存され、
　必要に応じてマート（市場）に引っ張り出される

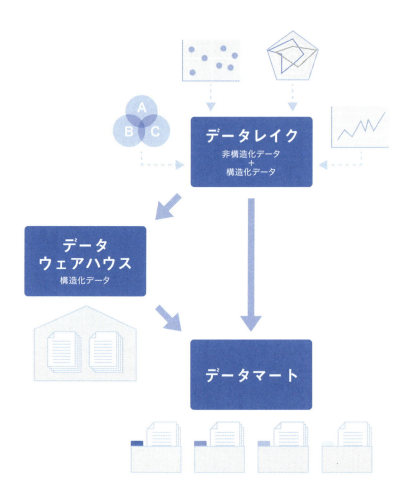

を「売上高」「１００」「万円」に分解して、特定の記号によって区切られ、「１００」（全角文字）は「100」（半角文字）に変換されていなければ、処理に進めないのです。現実的には、アルファベットや数字の全角・半角の混在がクレンジングのかなりの部分を占めます。

　これはまだ、データがわかりやすく整っている場合です。ビッグデータはさまざまなソースを通じて生成されるので、分析のための準備には相当な労力が必要になります。
　こうした事態が起きてしまうのには、いくつかの背景があります。
　まずは、多くの企業に共通している社内システムの複雑さです。システムはそれが導入されている現場のそれぞれの目的に特化しており、高いところから俯瞰して見ると継ぎはぎになっています。
　たとえばカネの流れをつかむための経理データは、業務用ソフトや基幹システム、マーケティング部門なら市場調査や売れ行きなどが表計算ソフトで管理されています。顧客管理にはデータベースソフトが使われているでしょう。営業日報などはワープロ文書、ウェブサイトから取り込んだ情報はテキストデータ、プレゼンソフトになっている企画書や報告書もあります。さまざまなセンサーから生成されたデータは、英数字の羅列です。
　これらをざっくり一つのデータととらえるのがビッグデータです。各データがそのまま集められている場所をデータレイク（湖）、データ分析のニーズに応じてクレンジングを行い分類、格納されている場所をデータウェアハウス（倉庫）と言います。さらにレイクやウェアハウスから分析に必要なデータを持ち出して目的別にまとめておく場所をデータマート（市場）と呼びますが、レイ

クやウェアハウスからマートに移すだけでかなりの労力を費すことになります。この作業をしない限り、別種のデータを突き合わせる分析はほぼ不可能です。

社内のデータであれば、データ作成時点での処理基準の統一によって改善ができないわけではありません。しかし、分析のためのデータを収集する場合は、外部の組織が作製したデータ、政府の統計調査や公的文書、他社のデータなども利用せざるを得ず、事前に統一しようにも、手の届かないものがたくさんあります。

■表記の揺れと固有名詞の不統一

仮に、データの整理ができたとしても、データ上で並んでいる数値（や文字データ）が何であるのか、間違いなく定義されていなくてはなりませんが、この点も意外に手間がかかります。「表記の揺れ」の修正と「固有名詞のコード化」が主な作業です。

たとえば、古くから株式投資のために厳密な管理の下で作製・公表されてきた「有価証券報告書」など上場企業の財務データがあります。現在はＸＢＲＬという規格によって、どの数値が売上高なのか、どの数値が税引き後利益なのかが自動的に認識できるようになっていますが、こうなったのは十数年前の話。それ以前も財務データはデジタル化されていましたが、データを整理する段階で決算書類を読んだ人間が「これは売上高」「これは税引き後利益」と判断して、キーボードから入力することでできあがったものでした。

というのも、企業から公表される財務データの書類は、データの掲載位置、掲載順が統一されていない（そのために固有名詞のコード化、つまり統一された英数字コードへの置き換えが必要となる）ばかりか、データ項目の表現もばらばら（表記の揺れの修

正が必要になる）だったのです。

　当時、ＸＢＲＬ制定に関わった関係者によると、売上高という概念の数値だけでも２０以上のバリエーションがあったといいます。売上高、業務純益、受注残高といった業態による違いだけでなく、入力された売上高という文字列自体も、「売上高」「売　上　高」（文字の間に空白が入れられている）「売り上げ高」など、実に「創造的」に作られていたのです。位取りも「円」「千円」「百万円」「十億円」とさまざまで、たとえば売上高１００という数字を取り込めたとしても、それを分析に使えるようにするためには人間の目による判断とデータの転換を必要としたのです。

　政府が発表する各種の統計も同じです。いまでは多くの統計データがネットを通じて入手できるようになっています。しかし、各自治体の数値を利用する際にも、本来であれば都道府県コード、市町村コードを使って自治体名を数値化しておくべきなのですが、県名だけ、市町村名だけの表記になっているものがいまだに多いのです。最低限、都道府県の掲載順が決まっていれば、ある程度処理は楽になるのですが、これも担当官庁によって掲載順が異なります。それだけでなく「奈良県」「奈　良　県」（全角の空白が入っている）「奈 良 県」（半角の空白が入っている）「奈良」など、表記の揺れがあるのです。

　そのため、自治体名に全国地方公共団体コードを振り、表記の揺れを統一する作業が不可欠になります。

　統一的に作られているはずの上場企業の財務諸表や政府の統計ですら、このように一筋縄ではいきません。

　なかば冗談のような状況がいまも厳然と横たわっている理由は、これまでさまざまなデータが「人間が見やすい」ということだけを念頭において作られてきたからです。要するにコンピュー

図5 ナイチンゲールは戦場の衛生状態を可視化してみせた

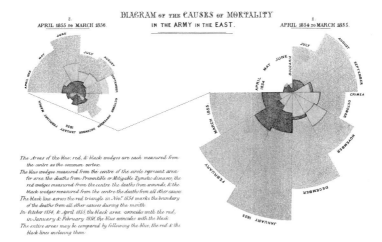

タを文書作成機としてしか使っていないのです。データは人間のためか、コンピュータのためか、この違いは想像以上に大きな障壁となっています。データのクレンジングは、人間世界の言葉をコンピュータ世界の言葉へ翻訳する作業ともいえます。

　夢の技術と期待を集めるビッグデータというゆるやかな概念と、データ処理の複雑さという現場の認識。このギャップは非常に地味にみえるのですが、ビッグデータの利用に立ちはだかる大問題なのです。

V（データの可視化）と A（データの分析）
表計算ソフトの限界

　１９世紀中盤に起きたクリミア戦争に従軍し、献身的な活動で「天使」と呼ばれたフローレンス・ナイチンゲールは、後に統計学の先駆者として評価されてイギリス王立統計学会のメンバーに女性として初めて選ばれたということをご存じでしょうか。

　ナイチンゲールは戦場における衛生管理の重要さに気がつき、死者数のデータを原因別にとりまとめておきました。データは戦闘に起因するものよりも、不衛生な環境から発生した病気によるものがはるかに多いことを示していたのです。

　帰国後に取得したデータを可視化して政府や軍関係者に現状改善を説得してまわり、その後の兵士の士気向上に寄与したとされます。このときに使われたグラフを図5に紹介しておきますが、このグラフは後に「鶏のとさか」と名付けられた有名なものです。ナイチンゲールは、この取り組みをもって統計学の「先駆者」の評価を得ました。可視化の努力が多くの関係者の説得に効果を発揮したことから、可視化はきわめて重要な作業であることがわか

ります。

　ＰＶＡＯのうちとＶの可視化とＡの分析を個人のレベルで手がける場合には、表計算ソフトが使われていることでしょう。代表的なソフトはマイクロソフトのExcelです。特にマーケターや企画部門の担当者のなかには、極めて高度に使いこなしている人も多いはずです。

　しかし、表計算ソフトは、データベースやグラフ化の機能が弱く、リアルタイムの分析や可視化には向きません。あくまで計算するためのソフトであり、データを管理したり可視化する機能はあとから付加された機能にすぎないからです。分析作業においては、表計算ソフトの限界を理解しておく必要があります。

　主な表計算ソフトの限界をまとめてみますと、

- 一般的なパソコンではデータが一定規模を超えるとスピードが遅くなる
- 可視化、特にグラフ作成に限界がある
- データベースとして使うことが想定されていないので、複雑な集計ができない
- データを集計、変換しながら取り込むことができない
- 気になったデータをさらに細かく集計しようとすると、遡った段階から処理をし直さなければならない
- 分析はシート単位でしか行えず、探索型の分析ができない。

　こうした限界の何が問題になるのかを考えてみましょう。
　データ分析、可視化は何のためにやるのかというと、最終的な目的は経営者の意思決定支援です。チーム内での情報共有と理解のためにも役に立ちます。

そうなると、データ量の限界がまず問題になります。一般的に表計算ソフトではデータが１０万件近くになると目に見えてスピードが遅くなりますが、ビッグデータにおける１０万件はむしろ小さな部類に属します。量の面ではまったく相性が悪いと言わざるを得ません。

　ビッグデータのもうひとつの特徴であるデータが生成されるスピード、ここでも表計算ソフトとの相性の悪さがあります。時々刻々と生み出されるデータを自動で取り込むことができないのです。

　もし表計算ソフトで時々刻々のデータを扱おうとすると、一定時間内に生まれたデータを整えて、表計算ソフトに取り込んで、計算式などを再設定する手順が必要になります。ここは自動化できませんから、人の手を動かさなければなりません。時間と手間がかかるだけでなく、こうした過程で設定のミスが起こりえます。

　また、経営判断の現場、事業を手がける責任者にとっては、さまざまなデータの傾向を、数字を読む素養のあるなしにかかわらず正しく判断する必要があります。直感的に数字を読み取るためには効果的なグラフ化、チャート化による表現が有効ですが、特に表計算ソフトを使い込んだことがある人なら苦労をした経験を持っているでしょう。表計算ソフトは、意外に可視化の機能が弱いのです。説得力のために手書きをしたり、別の描画ソフトを使うのであれば、本末転倒ですらあります。

　さらに、ビジネスの現場ではすばやい決定が求められます。たとえば、ある顧客層にセグメントした数値に顕著な傾向が出ていた場合、当然のように「このセグメントで再集計したらどうなるか？」と知りたくなります。

　表計算ソフトを使う場合を考えてみます。指示を受けた担当者

はデータマートからデータを切り出し直して、再集計、グラフ化の手順を踏まねばなりません。仮にそれが１０分でできあがったにしても、会議の現場なら、すでに話題はべつのところに移っているでしょう。こうした即座の対応にも表計算ソフトは限界を呈してしまうことがあります。

特に量とスピード、可視化に対応するには、別ジャンルのソフトが適しています。それがデータベースと可視化ツールを統合したセルフＢＩツールです。これを使った分析手法と実例は次章以降で詳細に紹介していきます。

また、当然のことながら、データを正しく分析するにはコンピュータの知識ばかりではいけません。統計学の基礎的な知識を持っていないと、データを見誤ることになります。ここでもビッグデータならではの考え方があります。

統計にはふたつの側面があります。記述統計と推測統計です。記述統計とは集められたデータを分析することで、データから真の姿を読み解くための技術。推測統計はサンプリングや将来予測のことで、サンプリングとは全数調査の代わりに、全数調査に近い結果を得るようにデータをいかに抜き取るかという技術です。

ビッグデータの良さは、すべてのデータを扱うことが前提となるため、サンプリングを意識する必要は、あまりないことです。

一方でビッグデータには「従来の方法では対応できないデータ」も混在しています。全数の分析が可能であるということは、そのなかに不必要な特異値、ノイズが混じってくることを想定しなくてはなりません。サンプリングではなく統計的なノイズの除去といった、統計の手法にも新しい発想が求められるのです。

○（データの運用）
マウスのクリックだけで使えるか

　そして最終的には分析結果が運用されなければなりません。ここでもまた、現場の理解とツールの使いやすさがカギを握ることになります。経営判断や現場での業務遂行に使うという運用においては、だれが見ても理解できて、マウスをクリックするだけで、必要な処理ができる簡便性がカギを握ります。

　データ分析によって知見を得られたからといって、それをビジネスの実践に移せるとは限りません。人間心理には「理解」と「納得」の間に溝があるのです。行動を起こすためには「理解」させるだけでは不十分で「納得」のレベルに持っていく必要があります。そこで可視化の機能が威力を発揮します。ナイチンゲールの「鶏のとさか」は、まさしくその好例といえます。

　『ビッグデータ・ベースボール』（トラヴィス・ソーチック著　桑田 健訳　KADOKAWA　２０１６年）では、元メジャーリーガーのハードル監督が、ビッグデータ分析をなかなか実戦で活用できなかったことが描かれています。ハードルは現役引退後の解説者時代にセイバーメトリクスについて学び、打撃コーチ時代には統計分析をゲームプランに取り入れるなど、ビッグデータ分析への理解力が高いことを買われてパイレーツの監督に就任しましたが、いざ実戦となると、なかなか思い切りがつかなかったといいます。

　| ハンティントンと話をした2012年10月のうすら寒いその日ま

> で、ハードルはパイレーツの監督を2シーズン務めたものの、球団の分析部門から送られた統計的な発見を試合の中で生かしたことはほとんどなかった。
> チームが不振にあえいでいたにもかかわらず、ハードルは伝統と手を切り、目に見えないものを信じることがどうしてもできずにいた。これまでずっと自分の直感を信じてきたからだ。
> （中略）
> パイレーツは葛藤に悩むハードルを伝統から切り離す必要があった。野球界のどこでも、監督やコーチたちはビッグデータの動きを一歩下がって眺めており、それはパイレーツにおいても同じだった。ハンティントンと彼の率いる分析チームは、変革をもたらすためにハードルから全幅の信頼を得る必要があった。（同書５２ページ）

そのためにジェネラルマネージャーのハンティントンが整備したのが「マウスを数回クリックするだけで」さまざまなデータを画面に呼び出せるシステムでした。データの分析をするだけでなく、結果の分かりやすさ、だれでも利用できる操作性もまたシステムの重要な要件なのです。

立ちはだかる人間の壁

　夢物語のような実績を上げている世界的企業のデータ活用最先端の場では、これまで見てきたＰＶＡＯの各段階で立ちはだかる、さまざまな障壁が豊富な「ヒト」「モノ」「カネ」によって解決されています。別の面から指摘すれば、これらの企業ではデータを使うことが前提となって、データこそが最大の経営資源と位置づ

けてビジネスが構築されているので、データの生成から運用までが、高度に最適化されているともいえます。このおかげで、データ分析による魔法がじつにたやすく実現しているのです。

しかし、何度も指摘しておかなければならないのは、世の中のビジネスの大半は現場のビジネスありき、データとシステムは後から生まれてきたものなのです。当然、分析のためには環境作りから始めなくてはならず、最先端企業とはまったく違った方法論が必要になります。

この方法論の重要なポイントは、データを扱う人間の問題をどう解決するかです。ＰＶＡＯそれぞれの段階で問題が発生するのですが、その多くは人間に起因しているのです。それは部門間のなわばり意識であったり、流行の最新技術への過信、分析すべき課題があいまいなままの見切り発車、表計算ソフトの限界への無理解など、現場で直面する問題は、それぞれがドラマのようですらあります。分析の専門家には、こうした人間の問題を解決するコミュニケーション能力や課題発見能力、交渉テクニックが不可欠とされるほど、データ分析はじつに人間くさい仕事という側面が確かにあります。

■根拠なき期待

ここで人間の問題をいくつか指摘しておくと、まずはバズワードへの期待が挙げられます。本書冒頭で紹介したハイプ・サイクルの、新しい技術への過剰な期待のことです。

２０１９年時点でいえば、人工知能（ＡＩ）であり機械学習であり、ビッグデータは数年前のバズワードでした。いつの時代も、最新の技術は定義があいまいであり、要素技術も発展途上なブラックボックスの状態でしかないのですが、それらが実現させた（よ

うに見せられた）結果だけがマスコミで取り上げられるたびに、多くの人が期待を寄せてしまうのです。「自分が直面している問題は最新技術が解決してくれるはずだ」、と。現に「人工知能を使えば解決するだろう」という経営者の鶴の一声でプロジェクトがスタートするも右往左往ばかりの現場を何度も目撃してきました。これを「ブラックボックス問題」と名付けてもいいでしょう。

人工知能を「コンピュータが意思を持つ」と表現されることがありますが、人工知能は人間のように「あれをしたい」「これが欲しい」という意思は持ちえません。人工知能とは学習や認識、推論といった人間の知的活動をコンピュータ上で再現する技術の総称であり、これらを高度に組み合わせて、あたかも意思を持ったように振るまえることを目標に技術開発が進められているものだと、本来は理解しておく必要があります。

しかし、特に技術に明るくない経営者のなかには人工知能を、万能のブラックボックスとしてとらえる人が出てきています。夢の技術を問題解決の最終手段とでも考えてしまうのです。仮に人工知能が本当に夢の技術だったとしても、では解決すべき問題は何なのか、人工知能に何を教えるのか、分析をどうするのかが分かっていない限り、効果は望めません。問題の本質は「問題は何か」であって、最新の技術は解決のツールにすぎない。問題は人間にしか見つけられないにもかかわらず、最新の技術に期待を掛けてしまう構造は、時代が変わっても変わらないのです。

統計に対する間違った期待も現場を混乱させる原因となります。先に統計には「記述統計」と「推測統計」があると紹介しましたが、少ないサンプルから全体像を描き出し、将来の傾向を推測してみせる推測統計は、統計の力を実力以上に見せてしまうことがあります。普通に計算した結果であるにもかかわらず、あた

かも裏側に高度な知能があるように考え、出てきた数値を神の啓示のように重視してしまうのです。

特にビッグデータの場合、サンプリングは必ずしも必要ありません。全数調査ができるので、そこから導き出す記述統計の方が確度が高いのですが、推測統計への中途半端な理解から、記述統計が軽視されることも少なくないのです。

■表計算ソフトに対する誤解

もうひとつ、人間の問題の面から表計算ソフトについても改めて指摘しておかねばなりません。先に触れたように表計算ソフトは最強のツールではあるのですが、機能や能力に限界があります。もうひとつ、人間の恣意が入り込む余地があるという問題についてはあまり認識されていません。

表計算ソフトは静的な使い方しかできません。たとえば「りんごが売れている」という分析結果が見えてきたときに、「ではりんごを買っているのはどんな顧客か」という絞り込みをするためには、データを再集計して別のシートにまとめる作業をせねばなりません。セルフBIソフトならば、クリックひとつで「りんご」に絞ったデータを見ることができるのです。データの絞り込み、入れ替えを自由にできることを「動的」といいます。

また、分析結果を可視化する際に、その時点で得られているデータを使って表やグラフを作ることになります。つまり答えが先に分かってしまっているのです。

この場合、分析結果を可視化する際に、色使いやグラフの選択、強調するポイントに意識的無意識的にかかわらず、データ作成者の意図が入り込んでしまいます。結果的に客観的な判断を狂わせてしまうことがあります。これも人間起因の問題です。データ分

析においては、可視化も客観的になされなければならないので、分析結果からさらに深掘りしたり必要に応じて視点を切り替え、自由に探索できるように設定しておく必要があります。

　さらには、運用の面でも人間の問題が横たわります。多くの場合、表計算ソフトを高度に使っているのは、現場のパソコン好きな人です。私たちの業界には「エクセラー」と揶揄する言い方がありますが、個人で勉強して高度なテクニックを盛り込んで業務効率化に使っています。それ自体は、何も否定されるものではないのですが、その業務改善は個人に限定されたものになっていることに留意しなければなりません。

　エクセラーが、マクロや関数を駆使し、グラフへのリンクや表現にも凝って作り込んだ表を作成したとしても、仕様書を書き残していることは、まずないでしょう。プロとアマチュアの差は、こんなところにあります。

　するとどうなるか。その人が異動や退職したとき、引き継いだ人間にとってはブラックボックスとなった業務処理システムが手渡されることになり、それを改善したり、データを再構築するには膨大な手間を要することになるのです。高度に使われていたとしても、無駄や間違いもたくさんあります。これもまた部分最適が全体最適にならない典型的な事例、いまどきの言い方なら「あるある」です。

　ローカルビッグデータは、最先端から見たらビッグでも何でもなく、ツールも高度なものは少なく、利用にはむしろ発想力や人間力が決め手となります。しかし、課題解決のノウハウはまだ確立されているといえません。だからこそ、ローカルビッグデータは手つかずのまま放置されているわけで、将来的には大きな可能性を秘めているのです。

第 **2** 章

分析は設計で すべてが決まる

膨大なデータの整理が終わりました。次にデータを使った分析の実際を段階ごとに解説します。まずは課題発見の手法としてフレームワークを紹介します。先人が積み重ねてきた分析手法が数多くあります。この枠組み（フレーム）に現状を当てはめてみて、そこから分析に使うデータをあぶり出していきます。このデータを計算し、だれもが直感的に判断できるように可視化するという段階が分析の核心部分になります。その可視化は10のパターンに集約できます。

何をなぜ分析するのかを確認する

分析結果は、最終的に人間が判断を下す材料となります。人間が正しい意思決定を下すサポートとして使えない分析は、無意味です。

まず、何を明らかにする分析かを明らかにしなければなりません。アナリティクスの世界ではディメンションと呼びますが、切り口、分析軸と理解していただければいいでしょう。そしてそのディメンションにしたがってメジャー（測定値）を設計・算出して、判断材料とします。ディメンションとメジャー、この組み合わせの出来が分析の成否を決定づけます。

構造としてはじつにシンプルにできていますが、これは人間の思考からしか生まれてきません。どんなに分析ツールが優れていても、コンピュータの能力が高くても、ディメンションとメジャーという土台がゆがんでいては、良い結果は得られません。

まずはディメンションの作り方を順を追って解説します。

ステップ1
フレームワークで課題を発見する

何を分析するのか。これを明らかにする思考法をフレームワークと呼びます。ビジネスに関わるデータは、前章で紹介したように非構造化、つまり極めて多種多様なものがあります。そこから何を選び出すのか、特に分析対象の規模が大きくなるほど、漫然と対象を観察しただけでは課題が見つけにくくなります。目の前

に巨大な山が出現したようなものです。

　山を登るには地図やコンパスといったツールが必要なように、データを体系化して整理するのがフレームワークを行う目的です。

　フレームワークはフレーム、つまり枠組みに当てはめて考えてみることが基本です。企業の活動や組織に共通した法則を抽象化しているフレームが、長い時間に数多く開発され、現場で実践されています。目的に応じて適切なものを選び、それを通して観察すれば、見落とすこともなく全体を俯瞰できます。

　各ツールの特徴はフレームをはめる視点の違いにあります。

　代表的な手法としては、「４Ｐ分析」「バリューチェーン分析」「３Ｃ分析」「ＳＷＯＴ分析」などがあります。マーケティングの世界では常識的な手法ですが、改めて解説しましょう。

■ ４Ｐ分析

４Ｐ分析の４つのＰとは

- **製品（Product）**　顧客ターゲットに製品を差別化するための製品のあり方を決める。流通の場合は品揃え。製品のカテゴリー、市場における製品の位置づけ、性能や機能、サポートやアフターサービスに関するデータ
- **価格（Price）**　顧客にとっての価値に合った価格であり、かつ利益の出る価格。流通では値付けの方針と基準作り。競合を含めた価格、直接・間接のコスト、人気や品質の評価、希少性などに関するデータ
- **流通（Place）**　効果的・効率的な顧客へのリーチ方法。店舗配置、通販の選択、店員配置方針などのこと。販売拠点数、物流の能力とコスト、販売チャネル数、顧客の分布などに関わるデータ
- **プロモーション（Promotion）**　効果的・効率的な顧客への情報

図6　事業の分析に力を発揮する4つのフレームワーク

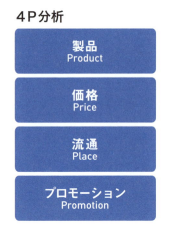

提供。広告や店内でのプロモーション、説明員の配置などマスから1対1まで内容は多岐にわたる。広告宣伝費、インセンティブや店頭プロモーションなどの販売促進費、ウェブサイトやカタログなどの制作費に関わるデータ

ほとんどの事業において、企業が取り得る手段は、この4項目に集約できると、マーケティング研究の世界的権威であり4P分析提唱者のフィリップ・コトラー氏は教えています。つまり、これは商品やサービスを4つの側面という枠組みにはめてみて検討するのです。そして、4つを変数として組み合わせて試行錯誤を繰り返すことで問題を発見し、解決します。組み合わせることをマーケティングミックスと呼びます。

■バリューチェーン分析

バリューチェーン分析は、数々の競争戦略理論を打ち立てたマイケル・ポーター氏が提唱した、事業の競争優位性を分析するための思考法です。最初に日本に紹介された時点では「価値連鎖」という言葉が使われましたが、同じものを指します。

バリューチェーンとは、どんな事業であっても企業活動は5つの機能に分解でき、これが連鎖することで価値が創造されるという発想法です。その5つとは、

- **購買** 製品の原材料の調達保管配分など
- **オペレーション** 原材料を最終製品の形に変換させる活動
- **出荷** 製品を保管、出荷し、買い手に届ける活動
- **マーケティング／営業** 製品を買える手段の提供、買いたくなるように仕向けるプロモーション

・**サービス**　製品の価値を高めたり維持するサービス

　流通の場合は、購買を仕入れ、出荷を販売、サービスをアフターサービスと位置づければ応用できます。つまり、商品やサービスが生まれる時系列で分解するという考え方です。さらに、この5つの活動を支える支援活動として、企業インフラ(全体の管理)、人材マネジメント、技術開発、調達の4つのカテゴリーが全体に関わってきます。

　これら9つの活動の各部分でどのように付加価値が生まれているかを検討することで、ライバルとの競争力がより詳細に正確に分析できるというのがバリューチェーン分析です。改善は各部分での問題解決を試みながら、連鎖する事業の全体の改善に繋げようと考えます。

　実際の分析においては、雑多なデータがそれぞれ、9つの段階のどこに関わっているのかを見極めながら整理していきます。

■3C分析

　3C分析とは1982年に経営コンサルタントの大前研一氏が、日本企業の競争力を解説した英文の著書のなかで提示したツールです。

　3つのCとは

・顧客(Customer)
・ライバル企業(Competitor)
・自社(Company)

　顧客は、時に市場にも読み替えられます。このCがもっとも重

要です。

　市場はどこにあるのか、何が求められているのかを、最初に検討します。コーヒーという市場で考えてみましょう。

　日本人になじみの深いコーヒーといえば、缶コーヒーでしょう。缶コーヒーの消費量は１９９０年代以降、一貫して減少しています。しかし、リキッドコーヒーと呼ばれるジャンルの商品が別にあります。ペットボトルや紙パックなどに入れられた、缶以外のパッケージの液体コーヒーです。この市場はスーパーでの安売りが増えたことなどが要因となって拡大しています。「ちびちび飲み」に対応したペットボトル入りが最近登場しているので、今後も伸びが予想されます。このリキッドコーヒーを加えれば、液体コーヒー市場は安定的に伸びているといえます。

　２０１３年から、コンビニ店頭で挽き立てコーヒーが売られるようになりました。最大手のセブン―イレブンだけで年間10億杯が売られており、1杯100円としても年間1000億円。瞬く間に登場した巨大市場といえるでしょう。こうしたコンビニコーヒーの登場などに牽引されて、コーヒー豆の消費面から見た全体の市場は１０年間で10％近く拡大しています。

　このどこを取るかで、市場の見え方は変わってきます。

　これが次の２つのＣ、ライバル企業と自社の分析に関わってきます。ライバル企業はだれなのか。缶コーヒーならば、縮小している市場なので、新規参入は考えなくてもいいでしょう。既存メーカーとパイの奪い合いとなります。液体コーヒーとなると、コーヒーチェーンが店頭売りしている商品や乳製品メーカーのものもあります。主戦場はスーパーになるので、チャネルの考え方も違ってきます。コーヒー市場全体となると、喫茶店やコーヒーチェーン、コンビニエンスストアまでが対象となるでしょう。戦う

相手がまったく変わってくるのです。

　こうして特定したライバル企業と自社について「ヒト」（組織および人材の質や数、企業のカルチャーなど）「モノ」（製品サービスの質や価格、生産技術、研究開発、販売ネットワークなど）「カネ」（資金調達力と各部門の予算額、間接部門の陣容など）などの観点から比較し、競争戦略を立案してきます。

■SWOT分析

　ＳＷＯＴ分析は自らの分析に使われるツールです。戦略づくりではなく、現在置かれている状況を確認するもので、企業や組織ばかりでなく、非営利団体や個人にも適用できるとされます。

・強み (Strength)
・弱み (Weakness)
・機会 (Opportunity)
・脅威 (Threat)

　これら４つの視点に分けて、現状を把握していきます。強み・弱みを内部環境、機会・脅威を外部環境と定義することもあります。内部環境については、技術力、ブランド力、価格競争力、設備、資産、販売チャネルなど、外部環境は景気、市場トレンド、法整備、他社の動向など、必要に応じて項目を立てて分析を行います。

　ここから強みや機会を生かす、弱みや脅威を克服する方向で戦略を練り上げていくのですが、その際には別のツールが役に立ちます。

フレームワークには、これ以外にも有名な方法がいくつもありますが、ここで紹介するのは本題から外れます。ここで理解していただきたいのは、課題発見するためには、順を追ってこうしたツールを活用していけば、比較的容易に「正しい問い」を得ることができるのだということです。

既存の、先人の知恵によって確立されてきた「枠」に当てはめてデータを整理し、フレームが指し示す方向で「正しい問い」を考えていきます（フレーミング）。それで完全な答えが出るほど単純ではありませんが、体感的には8割方、正しい方向が見えてくるものです。あとは個別の課題を詳細に検討しながら、ディメンションの設定を修正していけばいいのです。

評価の高い有名なフレームワークのツールは、どれも使いやすいものである半面、一見するだけで分かったような気になってしまいがちです。しかし、実際に使う場面ではデータの分類や選択に迷うことも多く、経験を必要とします。まずは自ら使ってみるとこが重要です。

ここで、架空の事例を使って分析のプロセスを整理してみましょう。

全国展開している家電量販店A社。この会社の利益改善に取り組むことになったとします。フレーミングによって、以下の課題が浮かび上がってきたとします。

1. 新規顧客の獲得は順調だが、売上高の伸びが鈍化している
2. 全社レベルでのキャンペーンのレスポンス率が低下しているが、顧客層にキャンペーンが効いているかが分からない

今回は主に４Ｐ分析とバリューチェーンのフレームワークから、分析軸を以下の４つ設定しました。そうして次の段階に進みます。

・商品ディメンション（商品ジャンル別の集計）
・部門ディメンション（販売部門ごとの集計）
・時間ディメンション（販売日ごとの集計）
・地域ディメンション（地域ごとの集計）

ステップ２
分析手順を決めてデータを整理する

先に説明してきたように、使えるデータはさまざまな形式、多岐にわたる項目があります。そこから必要なものを決めるために、前段階でディメンションの設計、つまり分析軸の組み合わせを決めてあります。ディメンションが指し示す方向性に従ってデータを取捨選択していけば、迷うことも行き詰まることもありません。

分析するデータを用意して、データの組み合わせや計算など分析のための集計方法を定義し、ディメンションテーブルにデータをセットして、さまざまな組み合わせを試行錯誤する形で分析できる状態にしておくことが、データの整理と定義のゴールとなります。

今回の事例では、社内に蓄積されているデータ（これこそが本書が定義するローカルビッグデータです）から、必要なデータ項目を洗い出します。

今回の場合は、マーケティング部分での分析を行うので、ポイ

ントカードを所持しており、個人の特性を把握できる顧客データを対象に、

「店舗コード」「伝票番号」「受注番号」「受注日」「支払い方法」「提供ポイント」「出荷日」「顧客コード」「顧客住所」「受注数」「単価」「ブランド番号」

を抜き出してデータウェアハウスにまとめておきます。これを使って必要なデータを抜き出して処理します。それを目的別に整理されたデータ群がデータマートです。

ここで重要な作業がふたつあります。カテゴライズとＫＧＩ、ＫＰＩの設定です。

マネジメントで重視されるのは、現場レベルでの達成すべき数値目標であるＫＰＩです。後で詳しく説明しますが、各部門には、このＫＰＩが数値として示され、その達成が求められます。

フレームワークで課題を発見したら、課題解決の目標数値を設定します。それがＫＰＩであり、データ分析はＫＰＩ達成のために行うというのが基本です。つまり、データ分析は何のためにやるのかという問いに対しては、遠い目標としては「収益改善」であり「経営改革」なのですが、手の届く近い目標としてはＫＰＩの達成があると考えるのです。そのためにビッグデータから分析に必要な項目をあぶり出してきます。これがメジャー、ここではＫＰＩを構成する売上高や顧客数などの具体的な数値を明らかにするという作業です。

■分析目的によって使い分けるカテゴライズ

各データのなかでの数値のグルーピング、それがカテゴライズです。

たとえば商品コードは製造でも販売でも必ずついて回りますが、ほとんどは個別のコード番号です。クルマでいえば同じ車種でもグレードや色が異なれば番号が違います。靴下などになると、模様やサイズが違えば違う番号が与えられます。
　商品の管理上は、ここまで細分化する必要があるのですが、分析する場合は逆効果になるのです。というのも、分析したいのは各サイズの靴下ではなく、「子ども向けの靴下」という商品群であり、クルマのブランドごとの動向なのです。商品群を大括りにまとめるカテゴライズをしないと、正しい傾向を見誤ることになります。そこで、商品コードの上位概念となるカテゴリーデータを探してくるか、あるいはデータを「丸める」必要があるのです。
　この丸め方には、分析の目的が大きく関係してきます。地域というカテゴリーの場合、「関東」なのか「東京」「神奈川」「千葉」「埼玉」という都道府県別なのか、あるいは市区町村別まで必要なのか。関東に山梨を入れるのか入れないのか、新潟は東北なのか北陸なのかは、流通網や支社の管轄によって変わります。商品カテゴリーでは最新型の外国製掃除機は、掃除機なのか、インテリア家電なのか、白物家電なのか。これもマーケティング戦略によって変わってきます。
　このようにカテゴライズの正解はデータ分析の目的によって決まります。一方で、細分化しすぎてデータが膨大になると処理速度が極端に落ちてしまうこともあるので、慎重に最適化して分析軸をまとめあげていかなければなりません。じつは、「とりあえず全部のデータを処理してしまおう」と、カテゴライズの作業を軽視して後で行き詰まってしまうケースが非常に多いのです。

■**最終目標のＫＧＩ、中間的目標のＫＰＩ**

　ＫＧＩとＫＰＩの設定もこの段階の作業です。要するに、数値目標の設定です。

　ＫＧＩはKey Goal Indicatorの略で重要目標達成指標と訳されます。分析の最終的な数値のゴールです。どんな分析であっても仮説検証は、ＫＧＩの数値を達成できるかどうかで判断されなければなりません。

　今回は収益改善をＫＧＩとしていますが、ＫＧＩにこだわらなければならない理由は、部分の最適にこだわって最終的な目標が達成できないという事態が往々にして起きるからです。部分最適と全体最適のズレの問題で、これを「合成の誤謬」と呼びます。

　バリューチェーン分析を例に取れば、購買のところで安い部品を使うことにしてこの段階での利益がアップしても、不良品の発生でサービス段階でのコストが上回り、全体での利益がダウンすることがあります。

　こうした事態を避けるための絶対的な目標がＫＧＩです。

　ＫＰＩはKey Performance Indicatorの略で、重要業績評価指標のことです。これはＫＧＩを達成するために各ディメンションやチームに課す中間目標です。

　ＫＧＩを直接の改善目標にすることはありません。分析や、分析結果から浮かび上がった課題はＫＰＩを設定して、ＫＰＩの数字達成という形で目標が管理されます。ＫＰＩでも現場の担当者からすれば、漠然として行動に繋げにくいときもあります。その場合は、もう一段階、メジャーを定義します。たとえばＫＧＩが「会社全体の利益率を１０％アップ」とし、ＫＰＩを「現場の売上高を３０％向上させる」と設定したとします。これでは現場が

図7　達成すべき最終目標は実行可能な中間目標にブレイクダウンする

具体的なアクションを起こしにくいはずです。こういうときに「新規顧客獲得数を月間１００人」「売れ筋商品の欠品をゼロ％」「優良顧客８０％にキャンペーン期間中の来店をプロモーション」とすれば、アクションが見えてきます。

ここまでがデータの整理です。

ステップ３
分析に使うデータを定義して計算する

ここまで準備ができれば、次にデータモデリングです。モデリングにおいては、ディメンションを体系化して格納するディメンションテーブル、メジャーを含む明細データを格納するファクトテーブルからなり、ディメンションテーブルとファクトテーブルはキー項目で紐付けていきます。

まずは検討するデータの計算式を設定します。ここで、前段階でファクトテーブル作製のために抜き出したデータ項目を図８で紹介していますが、この中に分かりやすく指標となる項目が少ないことにお気づきでしょうか。よくみると売上高や利益という概念の項目もありません。

これがビッグデータの特徴の一つなのですが、データは業務の流れに従って自動的に生成されるものです。たとえば売上高のデータですが、生成されたデータは商品がレジを通った時点では、特定の商品が売れたという事実だけが記録されているにすぎません。この売れたというデータの種類と件数をカウントし、別に用意されている単価のデータを抜き出してきて算出をすることによって初めて売上高のデータができあがるのです。

このように、本来の目的ではない「分析」などにそのまま転用

図8 生成されてくるデータから必要な数値を計算する

店舗コード	2020	2180
店舗名	HIROSHIMA	FUKUYAMA
伝票番号	331310	331300
顧客番号	501426357	501112532
購入者住所1	131760004	131508409
購入者電話番号	827787235	835962526
商品コード	EX440132511	EQ12308852
商品大分類	82	81
商品中分類	8254	8133
商品小分類	825411310	813325689
受注日	20190123	20190123
支払い方法	0	1
単価	89250	99680
数量	1	2
税金	5712	14354
手数料	0	0
原価	53550	59800
送料	540	540
掛け率	0.8	0.9
ポイント	7140	17942

売上金額	単価 × 掛け率 × 受注数
利益額	売上金額 − 原価
利益率	（売上金額 − 原価）÷ 売上金額
売上高伸び率	当年の売上金額 ÷ 前年の売上金額
顧客数	顧客番号のユニークカウント
客単価	売上金額 ÷ 顧客数
新規顧客数	初回購入のあった顧客数
既存顧客数	全顧客数 − 新規顧客数
リピート率	既存顧客数 ÷ 全顧客数
ＡＢＣランク	売上上位７０％までをＡ、９０％までをＢ、その他をＣ
アイテム数	商品コードのユニークカウント
商品売上げ構成比	商品番号ごとの売上高 ÷ 総売上高

できる数値が揃っていることは、ビッグデータ上ではむしろまれで、分析の際には既存のデータを利用して定義をし、算出のための計算式を設定をする必要があります。これがモデリングです。

逆にいえば、発想次第で、一見役に立たなそうなデータからも、さまざまな指標を生み出すことができます。こうした指標の定義と算出は、分析の成否を分けるものです。

ちょっとした見方を変えるとデータが見つかることもあります。日経ＭＪ2018年7月20日付けに面白い記事を見つけました。ストレス軽減を売り文句にした機能性表示食品のチョコレートの売上げ分析です。これによると、年齢・性別で分けた場合、もっとも多いのは30〜40代の男性。オフィス街で朝の時間帯に売れているので、出勤途中のビジネスマンであることが示唆されます。そして、「曜日ごとにみると月曜から徐々に購入が伸び、木曜にピークを迎える。金曜からは下落に転じ土日は大幅に下がる」と分析しています。

つまり、チョコレートの売れ行き動向から曜日ごとのストレス蓄積の度合いを示唆するデータを得ることができるのです。

これは極端な例ではありますが、さまざまな場所にある既存のデータから、時に計算式を定義してファクトテーブルに埋め込んでいきます。今回の事例の場合、図8にあるように、設定した項目は１２項目になりました。

その算出方法は、売上金額は「単価×受注数」、利益額は「売上金額－原価」、客単価は「売上金額÷顧客数」、新規顧客数は「（カード保有のない）初回購入のあった顧客数」、既存顧客数は「全顧客数－新規顧客数」、ＡＢＣランク（集計対象を上位から一定割合でグルーピングして、その階層別に集計する手法）として「売

図9　チャート分析の基本10パターン

1. **値比較**　単純な値の比較
2. **単位比較**　単位の異なる値の比較
3. **時系列**　時系列で傾向を把握
4. **内訳**　内訳・割合で比較
5. **関連性**　データ間の関連性を数値化
6. **グルーピング**　グルーピングして比較
7. **プロセス**　プロセスを記録
8. **空間**　空間に配置して関係性を表現
9. **リスト**　リスト・順位を管理
10. **クロス**　1～9を組み合わせたクロス集計

り上げ上位から７０％までをＡ、９０％までをＢ、それ以外をＣ」などです。このようにして膨大なデータから課題の仮説検証に必要なデータを、項目の定義に従って作り上げていくのです。

さまざまなディメンションをクロス集計したり、フォーカスを変えて深掘りしながら、ＫＰＩ、ＫＧＩを手がかりに収益改善の検討を何度も繰り返し行うことになります。考えられるだけの仮説を立てて、数字で検証する。ひたすらにそれを繰り返すことが最適解を見つける作業です。

ステップ４
判断を的確に、容易にする可視化

この段階では計算式から出てきた数字を縦横に組み合わせながら比較していきますが、高度な集計をするわけではありません。基本的には１０パターンに集約でき、どんなに深い分析を行う際にも、裏側では、これら、もしくはこれらの組み合わせによって分析が行われているのです。

1. **単純な値の比較（値比較）**
   数値を眺めていただけでは、その数値の良し悪しはわかりません。データを棒グラフなどで並べてみることで、結果が良かったのか悪かったのかが初めて把握できます

2. **単位の異なる値の比較（単位比較）**
   売上年間推移の棒グラフに前年比を折れ線グラフで表すなど、単位の異なる数値を比較します

3. **時系列で傾向を把握（時系列）**
   棒グラフ、折れ線グラフなどを用いて時系列での傾向を掴みます。

売上構成比なども帯グラフで推移を見ることで、変化がわかりやすくなります

4. **内訳・割合で比較（内訳）**
一般に円グラフなどで内訳を把握しますが、メッコチャートなど2軸（クロス集計）での内訳を表現するチャートもあります

5. **データ間の関連性を数値化（関連性）**
結果を導く要素に因果関係がある場合に複数のチャートを並べて、その因果関係を調べます。例えば、販促費と売上を同時に表示して販促費が売上にどうのように寄与しているかを把握します

6. **グルーピングして比較（グルーピング）**
多くの顧客、商品が存在する場合など、売上金額などでランク化して比較することで、傾向が使いやすくなります

7. **プロセスを記録（プロセス）**
結果に到達するのに複数のプロセスが存在する場合に、プロセスの順番にならべて、どのプロセスが結果に影響を与えているかを表します

8. **空間に配置して関係性を表現（空間）**
分析対象同士が近いか遠いかを散布図などを用いて表現します。また図式化して表したいような場合にも指標の関係を空間に配置すると因果関係がわかりやすくなります

9. **リスト・順位を管理（リスト）**
リストをソートしたり、順位をつけて表示します。前年、前週の順位なども合わせて表示すると、位置づけや変化もわかりやすくなります

10. **分析軸を選んだデータのクロス集計**
ピボットテーブルのようなクロス集計表に数値の大小を応じて背景色をつけたり（ヒートマップ）、メッコチャートやツリーマップ

などを用いて面積で表すと効果的です

仮に今回の事例から仮説検証のパターンを考えてみます。ＫＧＩからさまざまなＫＰＩを設定しておきますが、下の仮説とあるのが、そのひとつとお考えください。

仮説：広島店での企業向けパソコン販売の将来性はあるのか
検証：広島店での年度末に当たる各年３月のパソコン販売額を全国各店舗と比較する
仮説：キャンペーンは効果を発揮しているのか
検証：キャンペーンを実施した月における、各地域ごとの商品ジャンル別売上高伸び率をランキングする
仮説：顧客の購買行動に変化が起きていないか
検証：１０年間のデータを比較して年齢層別顧客数や購買商品の変化をみる

など組み合わせはさまざまです。それらがＫＰＩを達成しているか、あるいは達成する可能性があるかどうか、達していなければ改善すべき策はあるのかを検討して、新しい戦略に組み直していく作業が分析結果の運用です。これを一回で終わらせてはいけません。新しい戦略が有効に機能しているか、継続的にデータをチェックすることでＫＰＩとＫＧＩは経営革新に繋がるのです。

可視化による分析のためには、視認性の高さと操作性も重要なポイントとなります。特に意思決定層や現場の担当者が統計分析やパソコン操作に通暁していることはむしろまれだと考えておかなければなりません。かといって、意思決定の現場に担当者が立

ち会って、リクエストに応じてデータをいじり回すというのも現実的ではありません。だれでも気兼ねなく利用できる使いやすさ、分かりやすさはシステムの稼働率に大きく影響するのです。

　データ分析をビジネスに生かすことを早くから提唱し、「アナリティクス界のドラッカー」と呼ばれるトーマス・H．ダベンポート氏は、著書『真実を見抜く分析力』(日経ＢＰ社　２０１４年)のなかで、分析の結果に対して幹部社員は以下のような質問をすべきであると例示しています。

> この結果で意外な点はどこか？
> この結果を再確認する、あるいはそれを否定するために、さらに分析してもらえるか？
> この新しく得られた結果に取り組むために、他の人々も関与させるべきか？
> 重要な洞察が見えてきたか？
> この結果が真実だとわかったら、この問題に対する私の考え方はどう変わるか？
> 　(同書２９２ページ)

　この場合、分析担当者と意思決定者（幹部社員）は役割分担しているという前提で、分析の進め方が解説されています。本書のローカルビッグデータの分析の場合は、意思決定者自身がＢＩツールの助けを借りて、「問い」と「答え」は自分の中で繰り返しながら、仮説と検証から答えを見いだすところが違います。その意味で視認性は、上記の「問い」と「答え」が一人の人間の中で生まれやすいよう設計しなければならないという方向性が見えてきます。

ユーザーを納得させてアクションに移す気にさせるユーザーエクスペリエンス（UX）、視覚に強く訴えて理解を深めるためのユーザーインターフェース（UI）の作成テクニックは、効果的なプレゼンテーション資料の場合と同じですが、以下の点を意識して作成すればよいでしょう。

・分析シナリオを意識した構成
　全体俯瞰からしだいに詳細分析に移れるよう分析にストーリー性を持たせる。ディメンション単位で画面をまとめ、ユーザが目的別に分析を行えるように設計する。基本的にはディメンションの数だけ画面が必要

・レイアウトポリシーの決定
　システム全体を統一的に見せるために、標準的なフィルターやチャートの配置を決定する。見た目の美しさだけでなく、ユーザーの直感的な操作が容易になる

・利用者のモニター解像度に合わせたサイズ設定
　特に横スクロールは操作性や視認性に大きく影響する。仮に必要になっても極力少なくなるよう配慮しなければならない。レスポンシブデザイン（使っているモニターのサイズに合わせてコンテンツの配置を自動編集する機能）の場合も、常に適度な情報が表示されるように工夫する

・最適なフォントとサイズ、カラー
　標準のフォントを決定した上で強調したい箇所は大きく、ディテイルは小さくメリハリを付ける。重要度の高いものなどは色を変える

・情報過多を回避

一画面に多くのオブジェクトを配置するとさまざまな情報が得られる一方で、何が重要かがわかりにくくなる。ユーザーが利用することを考慮して必要最小限の情報に絞る

・空白を有効活用

　適度な空白を入れることで、伝えたいこと、強調したいことが引き立つようになる

・簡潔な説明、コメント付与

　チャートの留意点などの簡潔なコメントのフレームを分析画面の中に作り込み、同時に目に入るようにすることで、ユーザーのデータの読み間違いを回避する

・色使いのルールの決定

　チャートで使う色には、一目でメッセージを伝える機能がある。去年と今年では正反対の色を使う、同じカテゴリーには同じ色を使うなど、色使いのルール化を行うことで、ユーザーの理解を助ける

・Eye Candyの戒め

　本来の目的に無関係な過度の装飾をEye Candyと揶揄的に呼ぶが、これらはユーザーの理解の妨げになることが多い

・画面表示時間を短縮

　重い演算が必要なチャートが複数存在するだけで初期表示が遅くなる。初期表示の遅さはユーザーにとってはストレスでしかない。また、システムへの信頼性を疑わせることにも繋がりかねない。初期表示の時点では、演算の重いチャートは非表示にして、ボタンを押すことで表示するよう設定するなど、時間の短縮化の工夫をする。避けられない場合は「少し時間が掛かります」などのメッセージを出す

紹介してきた発想法、手法のなかには、初歩的すぎて知見が得られるのか疑問に感じる人もいるかもしれません。しかし、経験を積んだ分析のプロは、意識することなく先に紹介した分析の基本１０パターンを当てはめています。分析が苦手という人は、逆の意味で１０パターンを意識しなさすぎているのです。
　知見を得るために重要なことは、何度も試行錯誤をし、可視化によって間違いなく判断を下す点にあります。基本１０パターンの初歩的で単純な作業を実現するのが意外に難しいのです。
　次章では、分析の具体な手法について紹介していきます。

第 **3** 章

分析の基本10パターンはこう使う

前章で紹介した10のパターンで可視化するために使用する16のグラフを、実例とともに紹介します。計算結果の数字を並べただけでは分からない、全体の傾向値や特異値、いくつもの要素を一つのグラフにまとめることで初めて判明する真の姿など、可視化の有用性をご理解いただけるかと思います。このグラフ化をマネージャや経営者自らが試行錯誤できるところが、従来の表計算ソフトやデータベースソフトにはないセルフBIツールの優れた部分です。

図10　グルーピングしたデータ群の関連性を直感的に把握させる

ベン図　　　　　　　　関連性　グルーピング　空間

	0代	10代	20代	30代	40代	50代	60代+	総計
男性	20	427	1,332	2,966	3,826	1,480	164	10,164
女性	20	929	2,411	4,138	5,607	2,379	235	15,682
答えたくない	43	479	988	895	709	189	43	3,339
総計	83	1,835	4,731	7,999	10,142	4,048	442	29,185

どんなグラフも単純なデータの組み合わせ

専門家が分析で使用しているチャートについて解説していきます。こうしたテクニックをビジュアルアナリティクスと呼ぶ場合もあります。

なお、グラフを作成することに苦手意識を持っている人によく出会います。ここで紹介していきますが、見た目は派手でも、裏側では単純な集計を組み合わせているものが実に多いのです。第2章で紹介した分析の基本10パターンのどれを使っているかがポイントです。どのパターンの表現をしたいかから発想すれば、グラフ作成の方向性は決まってくるはずです。

1　ベン図 （関連性、グルーピング、空間）
円にして大きさと重なりを比較する

ベン図は、集合の範囲や関係を円の大きさや重なり、位置で表現するグラフです。グルーピングしたデータの重なり具合によって関連性を直感的に把握することに優れています。

図10のベン図は、某商品について複数回行ったキャンペーンの効果を見るために、購入者を男女別や年代別などの分析軸によって分類したものです。購入者数を円の面積に比例させることで、キャンペーンA、B、Cそれぞれの効果が一目瞭然となります。さらに、購入者をAだけ、Bだけ、Cだけ、AとB、AとC、BとC、ABCすべての7つにグルーピングして、各グループの人数を直感的に把握することも可能です。

図11　数値の大小と構成比を一つのグラフで表現する

メッコチャート

関連性　クロス　内訳

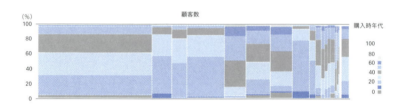

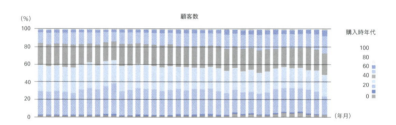

この図は、さらに深い分析ができるように作り込まれています。

マウスをクリックするだけで、円が重なっている部分の男女比や年齢構成をみたり、全体のデータから男女別や年代別に母数を絞り込んでベン図を再描画できるように設計してあるのです。全体とサブグループの傾向の違いを見比べることで、キャンペーンの効果に関する知見が得られるわけです。

ベン図は小学校で集合を習うときに登場する、極めて一般的な図ですが、定性分析でも使われる機会が多いものです。

2　メッコチャート（関連性、クロス、内訳）
複数の要素を積み上げと面積で表現する

メッコチャートはクロス集計の結果を面積で表現しています。数値の大小と構成比を同時に視覚化することに優れた手法です。

図11は、あるアパレル企業のブランド別の顧客数を年齢層別に表示したもので、横軸の幅が各ブランドの売上高、縦軸が各ブランドの顧客の年齢層別構成比となっています。ブランド別・年代別の顧客数が面積で表されるため、全体を眺めつつ重要度の高い顧客グループの年齢構成の特徴や全体に占めるウェイトを、直感的に把握することができるのが分かるでしょう。データアナリストが便利に使うチャートのひとつです。

さらに、クリック一つで各ブランドの年代別構成比を時系列で表示することもできます。図版下図は、顧客数が最も多い左端のブランドについての時系列グラフです。ここからは年齢構成はほとんど変わっていないことが明らかになります。つまり、何らかのキャンペーンで急に顧客が増えたのではなく、安定的に売れて

図12　顧客をふたつの評価軸でグルーピングして属性を絞り込む

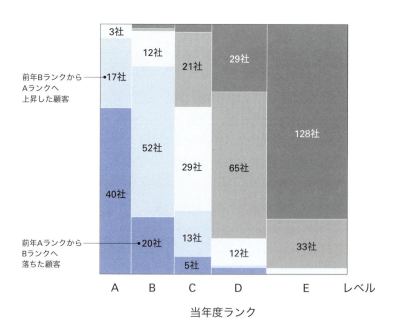

いるブランドだという仮説がみえてきます。

　この数値からどうアクションを起こすのかは経営的な判断です。他のブランドと比べて構成比が多い５０代に合わせて商品戦略を修正するか、あるいは年齢構成を修正するためにプロモーション対象を若い年代に調整していくのかの選択肢が浮かび上がってきます。

　このような有用性にもかかわらずメッコチャートがあまり利用されていないのは、表計算ソフトに、このチャートを描く機能が含まれていないことが最大の理由なのかもしれません。

3　ランキング（グルーピング、内訳、時系列）
重要度で並べた順に傾向を探る

　次はメッコチャートの応用例です。

　ビッグデータ分析をマーケティングに活用する代表例の一つが顧客のセグメント化です。セグメント化するための範囲設定は業種や企業、分析の目的によって変わってくるのですが、ここでは年間購入額によって顧客をＡ（最高）〜Ｅ（最低）の５段階にセグメント化しました。一般的にはＡＢＣ分析と呼ばれる手法です。

　図１２は顧客を前年度のＡ〜Ｅ×当年度のＡ〜Ｅで２５のセグメントに分類したものを２のメッコチャートで表示してあります。横軸のＡ〜Ｅの幅が当年度の顧客数、縦軸が前年度の同分類の数を表しています。これによって、前年度からランクアップした顧客数、変化なしの顧客数、ランクダウンした顧客数の動向が一枚のシートにまとめられ、それぞれのウエイトが面積によって直感的に把握することができます。売上高順に顧客を並べるのではなく、グルーピングすることで大きな流れを見ることができる

図13 ２割の商品が売上げの８割を占める経験則からグルーピングする

パレート図

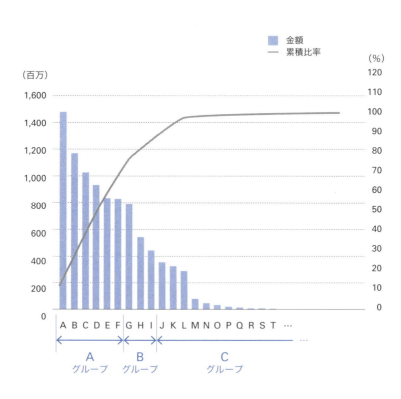

ようになったというのが、このチャートのミソです。

　さらに各セグメント、たとえば昨年BランクからAランクへとアップした顧客など、グラフの当該部分をクリックすると、個々の顧客の内訳を詳しく見ることができるように設計されています。

　このグラフは、顧客の動向を見るだけでは終わりません。より細かな販売戦略の立案の実施に利用できる顧客リストを呼び出すことができます。

　同じBランクにいる顧客であっても、前年度からアップした顧客には、それが続くようにより高いインセンティブを自動的に付与しておけばいいでしょう。一方で大きくダウンした顧客に対しては、離脱する恐れがあるので個別で電話をかけるなど、これまでと違った手厚いアプローチをしなければなりません。前年と比較することで、同じカテゴリーに入る顧客にもまったく違うプロモーションを行う戦略が浮かび上がってきます。

4　パレート図（内訳、グルーピング）
重要なアイテムを見つける

　前項で紹介したABC分析とは、重要度に応じて商品や顧客をA、B、Cとクラス分けし、それぞれに応じた管理を行う手法のことであり、「2割の品目が売上げの8割を占める」という経験則（パレートの法則）からグループ分けをしています。

　図13ではさまざまな品目を販売金額の構成比の高い順に並べ、その累積比率が〜70％のグループをA、70〜90％をB、90〜100％をCの3つに分類しています。

　パレート図は、ABC分析を行って各品目の値を多い順に左か

図14　顧客のグループを重要度の順で並べかえる

CPO分析

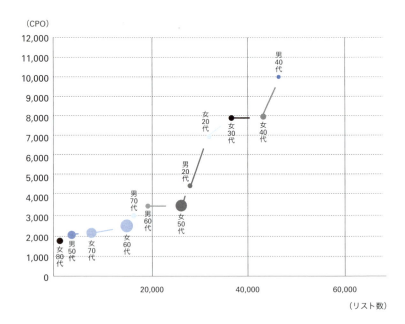

ら棒グラフで並べ、その累積比率を折れ線グラフにして重ね合わせたもので、ＡＢＣ分析の可視化によく用いられる手法です。この図の例では、折れ線グラフを追っていくことで、売上げの５０％は構成比の上位４品目、同８０％は８品目、同９５％は１２品目で占められていることが判明します。

　この商品群のどこに注力するかは、戦略次第です。ここから先が人間が判断する部分です。

　インターネットの登場以前は、利益が出にくい下位の品目は捨てて上位の品目に注力すれば収益率が向上する、という考え方が企業戦略の常識になっていました。それをひっくりかえしたのがアマゾンです。多品種にわたる商品の管理コストが下がったことから、重要度が低く切り捨てられてきた商品を「塵も積もれば山となる」とばかりに意識して取り扱う「ロングテール戦略」が成功したのです。これはパレートの法則とは真逆の考え方であり、リアル店舗とネット通販の根本的な違いともいえます。

　パレートの法則に従うのか、ロングテール戦略を採用するのか。いずれの道を選ぶにしても、まずはＡＢＣ分析によって自社商品の構成をしっかりと認識しておくことが必要です。

　重要度の指標を使って積み上げる考え方はさまざまなところで採用されています。

　医療では、災害時など需要に対して医療資源が不足する場合に、緊急度や重要度に応じて治療の優先順位を決めるトリアージが行われます。残酷な言い方になりますが、助かる見込みのない患者、治療の緊急性のない患者は後回しにするのです。これは医療に限らず、資源制約・予算制約がある他の分野にも応用できる概念です。

例えば、会員制通販会社が会員に広告を郵送する場合を考えてみましょう。予算が潤沢で費用対効果を考慮する必要がないのであれば、全会員に郵送すればよいのですが、現実には予算に限りがあることが多く、なるべく費用対効果を高めたい。そうなると、顧客を費用対効果の高い順に「トリアージ」することが解決策になります。これをどうやって分類するのか。

　図１４に示した例では、①顧客を性別と年代別にカテゴライズする、②それぞれのレスポンス率（以下レス率）で優先順位を決める、③予算の範囲内で優先順位の高い順から広告を郵送する、という手順によってＤＭ送付先を決定し、広告の費用対効果を高めようとしています。

　一つ一つの○がカテゴリ（例えば女性・80代）、○の大きさがリスト数（会員数）、横軸を累積リスト数、縦軸にレス率とほぼ相関しているＣＰＯ（cost per order、注文を取るためのコスト効率）を取ってグラフ化しています。ＣＰＯの累積額は、裏返していえばプロモーションにかけられる予算でもあるので、ＣＰＯが上限7000であれば、7000から水平線を伸ばし、折れ線との交点となった点から下の目盛りを読んで、郵送先は約３万人までと決められます。逆に、会員４万人に郵送するのであれば、それに応じて必要なＣＰＯと予算が見えてきます。

　このチャートを使いながら、さまざまな仮説と検証を繰り返して、自らの顧客の特性を明らかにしていくことで、収益構造の改善や新たな戦略作りが実現するのです。

　さまざまな企業の分析を手伝っていると、重要顧客をあぶり出して効果的に予算を投入するという当たり前のプロモーションは、意外なほど実践されていない実情に行き当たります。漫然と顧客全体を対象にアプローチしてしまっているのです。しかし、

ランク化、グループ分けの効果は絶大です。購買状況やレス率を丁寧に追ってグルーピングするという作業を軽視せず、ＡＢＣ分析をもっと重視するべきなのです。

5　変化の可視化（時系列、プロセス）
フラグを立てる

　ビジネスにおいては、顧客がどの商品を購入しているのかを把握することが重要であるのはもちろんですが、購入商品の変化を適宜把握することもそれに劣らず重要です。

　販売データから変化の傾向を抽出することになりますが、表計算ソフトではかなりの手間がかかります。手作業が必要になる上に、計算量も多く、機動的にデータアナリティクスを行うことは難しいといえるでしょう。

　データの塊の中に埋もれた「顧客の購買行動変化」が宝であることは分かっているのですが、効率的な掘り出し方の知識がないために、持ち腐れになっているのです。

　ここでどうやるか。販売データをデータベースに蓄積する際に、購入商品の変化があった時点で「ここで変化があったよ」という目印（フラグ）をデータに付けて（これをフラグを立てると呼ぶ）おくよう設定するのです。こうすればフラグをチェックして、当該するデータを取り込んでいくことで、変化が起きている状況を簡単に集計できるようになります。これは大量のデータを事後に分析する際の効率を高めるだけでなく、フラグが立った、つまり購入商品が変わった時点をリアルタイムで確認することにも利用できます。

図15　データ発生時にフラグを立てて再集計を単純化する

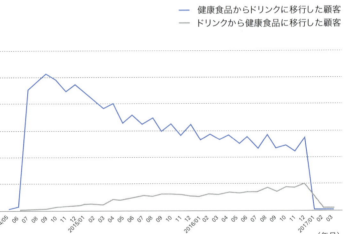

図１５は通販会社のデータです。購入した商品が変化した顧客数を商品の組み合わせ別に時系列で可視化したものです。違う商品を買う行動をクロスセルと呼びますが、通販ではこのデータが重視されています。クロスセルの集計結果を作製したグラフとしては極めて単純ですが、裏側でフラグを立てるという一手間をかけているから簡単に作成することができるのです。

　これによって健康食品からドリンクに変化する顧客数は急増と減少の波が大きい一方で、ドリンクから健康食品に変化した顧客数は一貫して漸増している状況が一目で確認できます。

　このように、必要となりそうなデータをあらかじめ処理しておくという、ちょっとしたテクニックを実践するだけで、生産性改善につながる知見が簡単に得られるようになります。

6　レーダーチャート（内訳、関連性、空間）
複数の指標と項目を総合的に比較する

　分析対象を評価する指標が複数ある場合に、指標ごとにレベルを一目でわかるようにしたものがレーダーチャートです。

　よく目にする事例としてはロールプレイングゲーム（ＲＰＧ）のキャラクターのパラメータ設定があります。パラメータには体力、攻撃力、防御力、回復力、スピードなどがあり、それぞれのキャラクターによって強い分野と弱い分野が異なっています。個性が異なるキャラクターをうまく組み合わせることがＲＰＧ攻略のコツですが、レーダーチャートを使えば、各キャラクターの個性の違いを一目でわかるように可視化できます。ゲームソフトで使われることが多い理由は、この視認性にあります。

　ビジネスにおいても、商品の強み・弱みを把握することは基本

図16　商品やグループの特性を複数の指標で比較する

レーダーチャート

`内訳` `関連性` `空間`

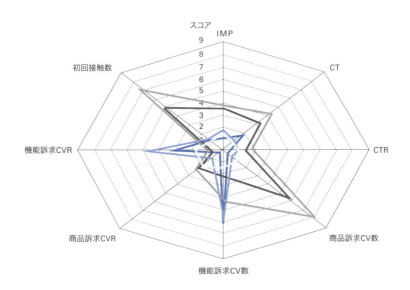

中の基本です。例えば、消費者にアピールしたいポイントが複数ある場合、各々のポイントがどの程度評価されているかによって、他社との差別化や広告の内容が異なってきます。

　図16は、ある消費財のポータルサイトへのアクセス者の行動分析です。同じジャンルの商品の訴求内容が異なる5つの広告を選び、それぞれ8つのKPI指標に照らして広告効果の強弱を測定してあります。KPI指標は「初回接触数：最初にクリックした商品かどうか」「IMP：閲覧数」「CT：クリックされた数」「CTR：クリックされた比率」「商品訴求CV数（CVR）：商品名を訴えるサイトに移行した数（Rは比率）」「機能訴求CV数（CVR）：機能面を訴求するサイトに移行した数（Rは比率）」です。

　レーダーチャート自体は、珍しくも作製が難しいわけでもないのですが、ポイントは使い方の発想です。複数の商品（ここでは広告）の複数のKPIを一目で比較できるようになっていますが、そのため広告の訴求ポイントによってどんな行動に誘引できたのかがはっきりします。同じ商品ジャンルであっても、訴求するポイントが変われば消費者の行動がまったく変わるという実態には、少なからず驚かされるのではないでしょうか。

　広告と販売をどのように組み合わせれば効果的なのか、マーケティング戦略を策定する際に有効な、説得力のあるデータになっていることが分かるでしょう。

7　KPIの体系化（空間、プロセス、関連性）
ツリー状につなげる

　戦争においては戦略と戦術の違いや「戦術で勝って戦略で負け

図17　KPIを動かしてみて全体への影響をシミュレーションする

KPIの体系化　　空間　プロセス　関連性

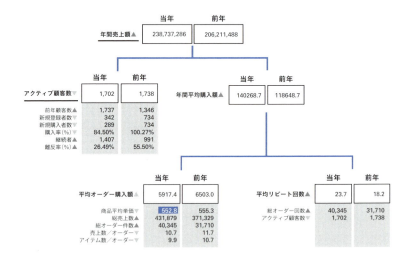

■■■■ の数字を上げると…
年間売上額、アクティブ顧客数の数字が変わる！

る」ことの危険性が指摘されるように、ビジネスにおいてはゴール（目標）とそのための手段の関係を明確化することが重要です。ゴールの指標はＫＧＩ、そのための行動の指標はＫＰＩです。

エリヤフ・ゴールドラット著『ザ・ゴール』（三本木亮訳　ダイヤモンド社　２００１年）で繰り返し強調されているのは、各部門・担当者レベルでの最適化（＝高パフォーマンス追求）、すなわち部分最適（局所最適）が必ずしも全体最適にはつながらないことです。このような「合成の誤謬」を回避してゴールを達成するためにデータを使ってシミュレーションする際に、ＫＰＩとＫＧＩは不可欠です。

ＫＰＩ、ＫＧＩを設定しておいて、各々のＫＰＩの変化がその他のＫＰＩや全体のＫＧＩにどのような影響を与えるかをシミュレーションすれば、合成の誤謬を回避することができます。そのシミュレーションを可視化するために、ＫＧＩを頂点として各ＫＰＩをツリー構造に体系化しておきます。

図１７は「前年比増収」をＫＧＩにしたツリーです。それらの要素となるアクティブ顧客数、年間平均購入額、平均オーダー購入額、平均リピート回数がＫＰＩとして繋げられています。

まず売上高を顧客数×平均購入額に分解することで、平均購入額は上昇したがアクティブ顧客数は減少したことが分かります。

年間平均購入額をさらに平均オーダー購入額×平均リピート回数とすると、平均オーダー購入額の減少を平均リピート回数がカバーしたことで平均購入額をプラスにできたことが見えてきます。アクティブ顧客数、平均オーダー購入額、平均リピート回数をクリックするとさらに細かくブレイクダウンした数字が示されるので、どの項目の変化がどのＫＰＩの変化を通じてＫＧＩにどの程度影響したかを容易に把握することができます。また、特定

図18　時系列を切り替えて顧客の動向をあぶり出す

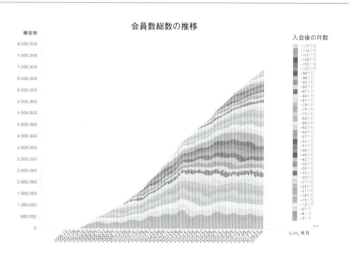

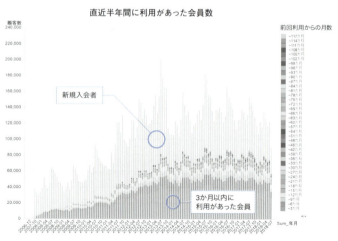

の商品の顧客に絞り込んだ特性分析も簡単に行えます。

　ここまでは過去のデータの分析ですが、この事例の特徴は、数字を変えて試行錯誤ができることにあります。各ＫＰＩの数字をさまざまに変えてみて、ＫＧＩの変化をシミュレーションすることができるように設定されています。

　今後は経営資源をどこに投入すればＫＧＩを最大化できるのか、仮説検証を繰り返しながら、戦略を練ることができるのです。

8　顧客動向の可視化（時系列、内訳）
データの切り口を変える

　顧客へのマーケティングを個別化（パーソナライズ）するためには、販売履歴から「活性度」によってカテゴリ化することが有効です。最終購入日が１年前の顧客と１日前の顧客では、後者の活性度が高いと評価できるので、指標として「最終購入日から現在までの経過時間」を重視すべきです。

　顧客を「レンタルビデオ」に例えてみましょう。新規顧客は貸し出しのために新たに購入した新作、既存顧客は１回以上貸し出された在庫分に相当します。活性度が高い顧客は貸し出し頻度(回転率）が高い作品、活性度が低い顧客は貸し出し頻度が低い作品です。貸し出し頻度によって作品の品揃えを変えていくように、活性度によって顧客へのアプローチを工夫するのです。

　図１８は新たにオンラインサービスを開始した旅行会社の会員数を、登録時期が古い順に積み上げたものです。これはレンタルビデオ店に並んでいるすべての作品を想像してください。ストックの概念です。

　これだけ見れば順調に会員数が増加していることを読み取れま

図19　顧客の浮気、乗り換えの動向をグラフで捉える

顧客の動向

時系列　プロセス　関連性

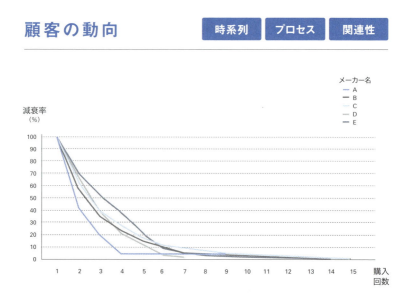

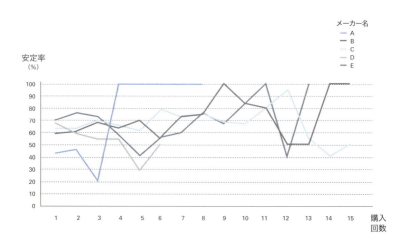

す。まるでミルフィーユのようにコンスタントに会員数が積み上がっていて担当者は「優良顧客が順調に増えている」と満足しがちなのですが、ここからはだれが優良顧客なのかは見えていません。評価すべきは「収益に貢献してくれる顧客」の存在です。

　会員の利用状況を知るために作成したのが下の図です。これは、上のグラフで使った同じデータを再集計し、直近半年など一定期間の間に利用した会員を抜き出し、前回の利用からの月数によって再分類したものです。いわばフローの概念です。

　この図からは、サービス開始から１０年以上経過した現時点でも、実際の利用者の約半分が新規入会者であること、過去３ヶ月以内の利用実績がある会員が残りの約半分を占めていることが見て取れます。レンタルビデオに例えると、新作映画と定番の人気作品だけで貸し出しのおおよそ７〜８割を占めているということになります。

　ここからは、会員数というストックの概念は将来にわたっての売上げを保証するものではなく、会員数総数のグラフは顧客獲得実績の過去の記録以上の意味はないという結論を導き出せます。

　収益向上を目指すのであれば、ここから二つの戦略が見えてきます。これは経営的な判断です。

　ひとつめは新規顧客の開拓と既存会員に対してのリピート率を上げる戦略、もうひとつは過去に顧客となったことがある休眠顧客を掘り起こす戦略です。そのどちらに対してもこの事例では、グラフの対象となる部分をクリックすることで、顧客リストを呼び出せるように設計されているので、戦略的なアプローチは簡単に実行に移せます。

図20　ブランドスイッチの詳細な中身をデータベースから抜き出す

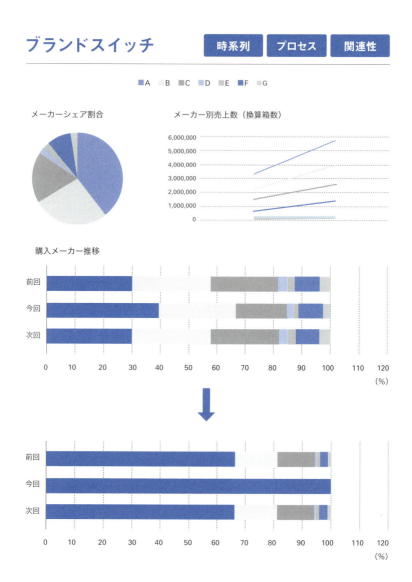

9 減衰率と安定率（時系列、プロセス、関連性）
顧客の浮気度を可視化する

　消費者が繰り返し購入する品目（ティッシュペーパー、コンタクトレンズなど消耗品全般）を選ぶ場合、類似の商品をA、B、C……と試しに買って比較してから、お気に入りのブランドを固定化すると考えられます。

　これを個々の商品・ブランドの側から見れば、初回購入者が2回目、あるいは3回目に離反していく比率を「減衰率」として捉えることができ、減衰率ゼロは、安定的に繰り返し購入してくれる顧客だけになったことを意味します。

　この減衰率がゼロになるまでの購入回数を比較することで、その商品・ブランドが固定客をグリップする「吸引力」を測ることができるという考え方で、このグラフは設計されています。同様に、ある商品・ブランドをn回目に購入した消費者が、n＋1回目に同じ商品・ブランドを購入する確率を、顧客を逃さない「安定率」として捉えています。

　図19は、ある消費財のブランドの「浮気度」をグラフ化したものですが、減衰率の上図と安定率の下図は、裏表の関係にあります。減衰率のグラフでは、A社のブランドは減衰率の変化が大きいことが分かりますが、他のブランドについては詳細が分かりません。

　そこで安定率を検討するのですが、A社の商品の安定率は4回目以降100％となっているのに対して、他4社の商品について顧客の浮気度には大きな差は認められず、10回目を過ぎても安定していないことがわかります。つまり、消費者は他4社の商品

を決め手に欠ける「一長一短」とみなしているのに対して、A社の固定客になった消費者は、同社の商品に他4社とは一線を画する特長を見出していることが示唆されます。

　このように、減衰率あるいは安定率を可視化することで、競合商品との差別化のヒントを直感しやすくなることが、このチャートの特徴です。

　では、実際にどのようにブランドの移動が起きているのか。図20の帯グラフをご覧ください。これは真ん中を基準に、上は同じ顧客が前回購入時に選んだブランド、下が次の回に選んだブランドです。これだけだとシェアの変化率でしかありませんが、色分けされたそれぞれのブランド購入者に絞って、前回と今回、次回の購入ブランドをクリックだけで再集計できるよう設計してあります。

　もっとも左のブランドに絞って調べたのが一番下の帯グラフです。このデータで初めて、他ブランドからの流入状況、他ブランドへの流出状況が明らかになるのです。各ブランドの特徴と重ね合わせて検討することで、ブランド流入出の原因が価格にあるのか、機能、イメージ、プロモーションにあるのかがおぼろげながら見えてきます。ここまで分析して初めて、データに裏付けられた販売戦略の立案が可能になるのです。

　シェアが安定しているとしても、流出／流入が共に少ない場合と多い場合では「安定」の意味合いが異なってきます。顧客の流れを見るのがこの分析のポイントです。

10 ヒートマップ（時系列、内訳）
色分けしてざっと眺める

　全体を俯瞰して、データの偏在状況を確認する場合に便利なのが、ここで紹介するヒートマップです。

　ヒートマップは数値によってグループ分けして、そのグループを色に置き換えることで作成できます。天気予報で使われる全国の気温を色分けした地図のようなものと考えればいいでしょう。気温の場合、高くなるほど赤みが濃く、逆に低くなるほど青みが濃く表示されますが、２０１８年夏のように濃い赤に染まった地域が全国に広がった日本列島地図を見せられると、猛暑の実感が湧いてきます。これがヒートマップの可視化の効果です。

　同じようにヒートマップをウェブサイトのアクセス分析で使ったのが図２１です。アクセスが多ければより青、アクセスが少なければよりグレーのように色を設定してあります。これで数字を読まなくてもアクセス状況を気温のように実感（体感）できるというわけです。

　左がＰＣから、右がスマートフォンからのアクセスです。ＰＣからのアクセスは平日の勤務時間、スマートフォンからのアクセスは平日の昼休みと退社後（金曜日の夜はやや少ない）・土日は睡眠時を除いてほぼ全日アクセスが多いという傾向が一目でわかります。使用デバイスによって利用者の行動が違うということが分かれば、それぞれのカテゴリに応じたＷＥＢデザイン切り替えなど、次の戦略へとつながっていきます。

　ためしに色を使わず１６８個の数値だけで構成された表も図の下半分に出してみました。数字だけの場合、全体の傾向をつかむ

図21　数字に色づけして全体の傾向値を表現する

ヒートマップ　　　　　　　　　　　　　　　[時系列] [内訳]

PC経由

	月	火	水	木	金	土	日
0	1879	1740	1781	1781	1606	1701	1751
1	1173	1014	1033	1101	1037	1057	1137
2	749	618	677	671	623	688	721
3	475	36	463	461	447	440	466
4	352	361	425	384	359	347	329
5	401	447	451	445	438	424	377
6	596	645	659	642	671	634	571
7	1058	1024	1109	1061	1018	986	919
8	2449	2484	2517	2530	2230	1527	1524
9	4426	4275	4703	4484	4331	2349	2147
10	5632	4883	5339	5460	4960	2693	2526
11	6439	5607	6162	5969	5583	2866	2805
12	4983	4491	4852	4645	4092	2464	2481
13	5790	4877	5075	5057	4531	2667	2639
14	5798	5403	5708	6009	5100	2762	2856
15	5897	5217	5617	6572	5142	2896	3012
16	5915	5248	5592	6262	4912	2866	3182
17	5379	4687	4789	5026	4250	2839	3057
18	4120	3579	3691	3714	3071	2435	2620
19	3342	3053	2994	3265	2678	2227	2595
20	3230	3071	2982	2884	2769	2644	2843
21	3362	3089	3383	3013	2861	2679	3205
22	3340	3123	3160	3048	2765	2764	2855
23	2758	2551	2518	2487	2282	2437	2392

スマホ経由

	月	火	水	木	金	土	日
0	3146	2578	2679	2586	2523	2503	2834
1	1853	1670	1635	1676	1550	1596	1943
2	1067	879	982	933	913	988	1102
3	687	585	623	646	648	616	751
4	475	448	481	468	445	481	575
5	679	615	669	620	618	531	618
6	1213	1160	1147	1212	1174	1052	1056
7	2137	1834	2059	2072	1870	1612	1622
8	2529	2405	2543	2608	2200	2194	2352
9	2518	2256	2439	2382	2144	2555	2865
10	2469	2268	2334	2331	2202	2606	3108
11	2519	2488	2401	2393	2277	2871	3326
12	3028	2765	2770	2729	2462	2741	3063
13	3130	2956	3000	2886	2680	2825	3108
14	2751	2552	2604	2610	2369	2721	3310
15	2774	2813	2677	2634	2357	2951	3374
16	3172	2905	2865	2875	2610	3074	3634
17	3768	3269	3248	3084	2887	3459	4091
18	4070	3531	3617	3335	2971	3312	4016
19	3965	3571	3508	3421	3099	3288	3979
20	4366	4110	4041	3796	3543	4093	4172
21	4646	4280	4888	4030	3506	3920	4816
22	4555	4593	4290	4729	3598	4153	3975
23	4035	3818	3797	3624	3285	3841	3527

上図から色を抜くと傾向が見えなくなる

	月	火	水	木	金	土	日
0	1879	1740	1781	1781	1606	1701	1751
1	1173	1014	1033	1101	1037	1057	1137
2	749	618	677	671	623	688	721
3	475	36	463	461	447	440	466
4	352	361	425	384	359	347	329
5	401	447	451	445	438	424	377
6	596	645	659	642	671	634	571
7	1058	1024	1109	1061	1018	986	919
8	2449	2484	2517	2530	2230	1527	1524
9	4426	4275	4703	4484	4331	2349	2147
10	5632	4883	5339	5460	4960	2693	2526
11	6439	5607	6162	5969	5583	2866	2805
12	4983	4491	4852	4645	4092	2464	2481
13	5790	4877	5075	5057	4531	2667	2639
14	5798	5403	5708	6009	5100	2762	2856
15	5897	5217	5617	6572	5142	2896	3012
16	5915	5248	5592	6262	4912	2866	3182
17	5379	4687	4789	5026	4250	2839	3057
18	4120	3579	3691	3714	3071	2435	2620
19	3342	3053	2994	3265	2678	2227	2595
20	3230	3071	2982	2884	2769	2644	2843
21	3362	3089	3383	3013	2861	2679	3205
22	3340	3123	3160	3048	2765	2764	2855
23	2758	2551	2518	2487	2282	2437	2392

	月	火	水	木	金	土	日
0	3146	2578	2679	2586	2523	2503	2834
1	1853	1670	1635	1676	1550	1596	1943
2	1067	879	982	933	913	988	1102
3	687	585	623	646	648	616	751
4	475	448	481	468	445	481	575
5	679	615	669	620	618	531	618
6	1213	1160	1147	1212	1174	1052	1056
7	2137	1834	2059	2072	1870	1612	1622
8	2529	2405	2543	2608	2200	2194	2352
9	2518	2256	2439	2382	2144	2555	2865
10	2469	2268	2334	2331	2202	2606	3108
11	2519	2488	2401	2393	2277	2871	3326
12	3028	2765	2770	2729	2462	2741	3063
13	3130	2956	3000	2886	2680	2825	3108
14	2751	2552	2604	2610	2369	2721	3310
15	2774	2813	2677	2634	2357	2951	3374
16	3172	2905	2865	2875	2610	3074	3634
17	3768	3269	3248	3084	2887	3459	4091
18	4070	3531	3617	3335	2971	3312	4016
19	3965	3571	3508	3421	3099	3288	3979
20	4366	4110	4041	3796	3543	4093	4172
21	4646	4280	4888	4030	3506	3920	4816
22	4555	4593	4290	4729	3598	4153	3975
23	4035	3818	3797	3624	3285	3841	3527

には、数字の桁数と4桁目の数字だけを頼りに中身を追うことになるのですが、結論を得るまでにかなりの時間がかかるだけでなく、全体の傾向を何となく把握することは難しいことがお分かりでしょうか。そのため見落としも多いはずです。おおざっぱに全体の傾向を読み解くためには、ヒートマップを使った可視化が大きな力を発揮するのです。

表計算ソフトでも同じようなヒートマップを作成することはできますが、BIツールを使った場合、動的な分析が可能になることが大きな違いです。動的とは、分析対象を自在に絞り込むという意味です。色づけのグルーピングも自在に変えていくことができるので、データの分布を詳細に分析する、特定のデータを抜き出したマップを作成して全体と比較する、さらには時間や曜日、季節ごとの変化をアニメーション化して動きをみるなど、切り口を変えた突っ込んだ分析に効果を発揮します。

11 滞在時間（時系列、プロセス）
線の角度と密度で表現する

店舗やWEBサイトにおける顧客行動の重要指標の一つが「滞在時間」です。それを可視化したものが図22です。注目していただきたいのは一番下の、斜めの線がさまざまに交錯しているグラフです。

これはあるスーパーの店舗で「切り身さけ・サーモン（生）」を買った顧客のデータから作成しました。

一番上のグラフでは、それぞれの顧客の入店時間〜退店時間を一本一本の横軸で示しています。このグラフを縦軸で切って、切

図22　来店客ひとりひとりの行動を斜線の傾きと密度で把握する

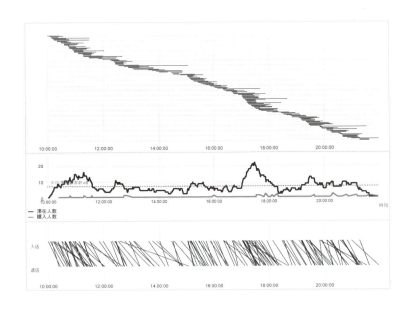

断された横線の数を時系列で折れ線グラフで表したものが下部分です。つまり特定の時間に滞在していた顧客数の推移が真ん中のグラフということになります。通常はこの二つのグラフを使って、「滞在時間の平均的な推移」や「店舗の混雑ぶり」を判定することになるのですが、この二つでは、まだ全体の流れが見えてきません。

滞在客数の変化は折れ線グラフでわかります。しかし、滞在時間が時間帯によって違うのかどうかという行動パターンと店舗の混雑具合を一目で判断するには、二つのグラフを見比べなくてはならず、経験を要します。それを解決したのが一番下のグラフです。

これは一つ目のグラフをアレンジしたもので、顧客の入店と出店の時間を斜線によって表したものです。斜線の上端が入店時間、下端が退店時間なので、傾きが急なほど滞在時間が短く、ゆるやかなほど長時間滞在したことを意味します。斜線の粗密は各時間帯に滞在している顧客の数を反映しています。二つの要素を直感的にとらえることで、大まかながら客の行動が見えてくる、これが3番目のグラフの特徴です。

もちろん、細かい滞在客数は2番目の折れ線グラフの方が分かりやすいのですが、店舗における分析で必要なことはそれだけではなく、むしろ客の行動パターンの方が重要な情報となることもあります。

この事例でいえば、「切り身さけ・サーモン（生）」を買う客は何時頃に来店し、その客の滞在時間は短いのかどうかが問題解決のヒントになるということです。滞在時間が短ければ（斜線が急な傾きであれば）、買うものがあらかじめ決まっている忙しい客であり、価格での訴求よりは、商品を切らさないことが重要とな

図23　来店客の動きを空間的に再現する

経路の可視化　　　プロセス　空間

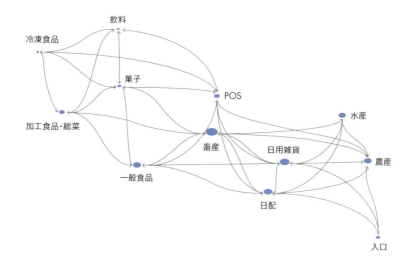

ります。逆ならば、メニューの提案などを組み合わせて購買に導くというように、店舗内での戦略が大きく変わってくるのです。

　ここでは「切り身さけ・サーモン（生）」を買った顧客だけについて示していますが、他の商品あるいは商品分類別、売り場別などでも同様のチャートをクリックで表示することができます。商品別、売り場別、季節別など、さまざまな切り口で顧客の動きを可視化して比較していけば、これまで見えていなかった顧客心理が浮かび上がってきて、売上げ増加につながる気付きが得られるはずです。

12　経路の可視化（プロセス、空間）
空間に配置する

　前項では店舗内での滞在時間を可視化しましたが、ここでは店舗内での移動経路を可視化しました。図23の右下が入口、中央やや上がPOSレジです。

　何かを購入した顧客は入口→売場→レジと移動するが、途中の移動経路の組み合わせは膨大な数になるので、数値での表現にはなじみません。一覧表にするのではなく数値を空間に配置してはじめて、顧客の移動パターンが理解できます。

　この図では一つ一つの楕円が日用雑貨、農産、畜産、飲料等の売場を表しています。楕円の位置は実際の店舗における位置を表し、楕円の大きさは立ち寄った客数を反映しています。楕円を結ぶ線は来店客の移動を示したものです。

　このチャートからは、例えば、最大の移動経路が入口→農産、次が畜産→日配（乳製品、大豆製品、パンなど毎日配送されてく

る食品)、その次が畜産→加工食品・惣菜であることが読み取れます。

　こうした分析の場合、実際の導線をカメラで追って画像処理し写真に重ね合わせて再現してみせる方法もありますが、逆にこれでは数値的なデータが取れません。統計的な処理を行う分析にはむしろ、このようにモデル化した図のほうが拡張性の面で優れています。ものとものの関係を数学的に解き明かす位相幾何学（トポロジー）では、たとえば「ドーナツ」と「コーヒーカップ」は同じように双方とも同じように穴が一つ空いた物体であるとカテゴライズして、数学的な計算に利用しますが、これはその考え方の延長線上にあります。

　グラフは来店客全体のデータから作成したものですが、当然、ディメンションを作り込んであるために「加工食品を買った客」や「菓子を買った客」などを絞り込んで行動を調べることもできます。

　流通業の場合、業態によって店舗や商品配置の考え方は大きく違ってきます。顧客が店舗全体を回遊するように人気売場を配置した方が効果的な業態もあれば、同時に買う確率が高い売場と売場を接近させて方がよい場合もあります。どのような売場配置をしたらよいかを考える際には、イメージだけでなく現実の顧客の動きを数値化して把握することも重要です。その際に、空間的把握（移動経路）と時間的把握（滞在時間）をモデル化した、このグラフが数値的な分析に力を発揮するのです。

13　散布図（空間、関連性）
相関関係を明らかにする

　１１では顧客の時間（滞在時間）、１２で顧客の空間（売場間の移動経路）について可視化する例を紹介しましたが、ここでは購入金額と売場の関係について可視化してあります。

　図２４の上図は横軸が顧客の各売場での滞在時間、縦軸が購入金額の散布図で、各々の点が示す売場は色分けしています。斜線は滞在時間と購入金額の回帰直線で、相関係数は0.51427875となっています（相関係数は完全に正の相関１～完全に負の相関－１で表現されるので、この場合はやや弱い正の相関があると判断されます）。

　これは全売場のデータから作成したものですが、マウスクリック一つで売場別の散布図に簡単に切り替えられるようになっています。売場別に滞在時間と購入時間の平均値と相関係数を示したものが図２４の下図で、相関係数が平均を上回っているのが畜産、水産、農産、下回っているのが加工食品・惣菜、日配、日用雑貨、冷凍食品、一般食品、飲料、菓子という結果です。菓子が最小で0.09006、畜産が最大で0.78169と大差がありますが、ここから畜産品は「必ず買う」「長い時間滞在すれば、より多く買ってもらえる」という消費行動が明らかになります。つまり、畜産、水産、農産など日常食・生鮮食品は、来店客もそれらを買う目的で来店するために相関係数が高く、必ずしも買う必要のない菓子は、「気が向いたら買う」「お得なものがあったら買う」程度の意識なので、売場に行くことが購入には直結しないという意識です。

図24　滞在時間と売上高の関係を散布図で確認する

散布図　　　　　　　　　　　空間　関連性

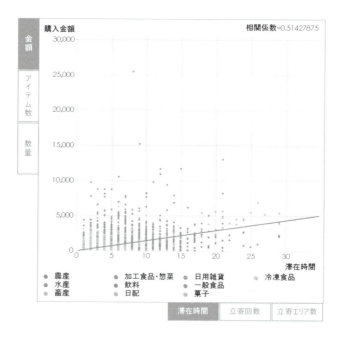

このような分析の結論自体は、じつは経験則として得られているものと大差ありません。結果を示されたところで「だから何？」となりがちですが、気がつかないうちに環境変化が起きることもあります。

　重要なのは、経年変化です。滞在時間と売上げは関係ないとされる菓子でも、少しだけ、たとえば0.05だけ相関係数が動いたとします。全体からみたら小さい数字ですが、0.09が0.14になったのであれば、売れ行きは1.5倍以上になったことを意味します。単純に売上げの上積みとして大きいだけでなく、消費行動の変化の兆し、あるいは隠れたヒット商品が生まれているのかもしれません。

　こうした消費性向や来店客層の水面下での変化、天気や時間帯によって生まれる特定の行動パターンなど、経験則が通用しないことに気がつかないでいると、間違った店舗運営をしてしまいかねません。経験則をデータとすりあわせアップデートすること、常識を常に疑っておくことは変化の激しい流通業には必要なポイントなのです。

14　カスタマージャーニー（関連性、プロセス）
リピーターの購買品目を明らかにする

　通販サイトで何かを購入した新規顧客が、2回目、3回目には何を買うのかを可視化したものが図２５のカスタマージャーニーです。

　一つ目は縦軸に購入者数を取ったもので、初回購入時はバッグ、ワンピース、トップス、服飾雑貨・小物の順に多いことが分かり

図25　顧客それぞれの購買行動を時系列で確認する

カスタマージャーニー　　関連性　プロセス

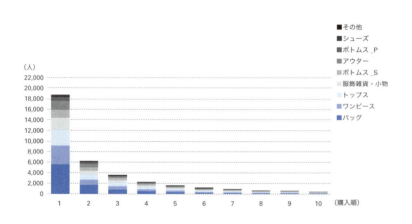

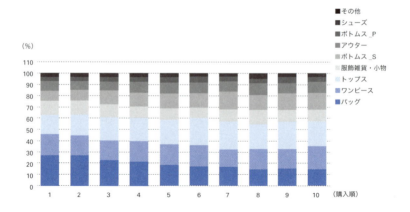

ます。2回目、3回目、……と購入者が減っていくことは避けられないのですが、その減少率をできるだけ低く抑えることが収益を高めるカギになります。

　そのためには、購入者がどのような品目を買っているかの把握が重要になってくるのですが、それが一目で分かるように可視化したのが二つ目の図で、縦軸を品目別の実額から構成比に変えてあります。

　これを見ると、一つ目のグラフでは分かりにくい構成比の移り変わりが鮮明になります。初回購入はバッグの構成比が最大ですが、その割合は徐々に低下しています。バッグは流行に左右されにくく耐久性も高いため、使用期間が長いことを反映していると考えられるのです。
　一方、トップスとボトムス（S）は初回購入の割合は3番目と5番目ですが、徐々に割合を拡大させる傾向にあり、5回以上の購入ではトップスが最も売れる品目になっています。流行に左右されやすく回転が早いことを反映していると考えられます。
　さらに、初回にバッグを買った顧客は次に何を買うか、という突っ込んだ分析をすることができるのがセルフＢＩツールの強みです。
　この分析結果からは、潜在的な新規顧客にはバッグ、既存顧客にはトップスを重点的に広告することが効果的との知見が得られます。こうして、購入回ごとに顧客のニーズは徐々に変化していくことを織り込んで、サイト構築、販売戦略を取ることの重要性を意識する意義は大きいといえます。

「ローパワード」の力をフル活用する

　以上、分析の基本１０パターンと、それを可視化する１４のチャートの活用例をお見せしましたが、高度な技術が求められるものは少ないのがお分かりいただけたでしょうか。

　経済学者の野口悠紀雄氏は著書『時間旅行の愉しみ』（１９９８年　ダイヤモンド社）のなかで「ローパワード経済学」と自ら名付けた、簡単な解答しか示せない経済理論の重要性を提唱しています。そこで経済学の中でも基本的な需要供給曲線の例を挙げ、それを重視しないために国の年金政策で誤った決定がされ、将来破綻の危機にあることを指摘しています。

> 「ローパワードエコノミックスの悲劇は、手法が簡単なために低級と思われ、軽んじられることである」（同書１５５ページ）

　同じことがデータ分析でも当てはまります。先端的で高度なテクニックよりも、ローパワードの方が実戦には役立つことが少なくないのです。

　たとえば本章冒頭で紹介した小学校の集合で習うベン図による分析は、ローパワーではあるが実用度は高いといえます。

　そして、得てして簡単なテクニックは知っているつもりでも自在に活用できる人は少ないのです。その背景にあるのが、使い慣れた表計算ソフトに頼るがために、本来、表計算ソフトが苦手とする可視化、グラフ化、データベース機能の限界をそのまま分析の限界と考えてあきらめてしまう、名付けるとしたら「表計算の落とし穴」なのではないでしょうか。

まずはデータ分析の隠れた障害となっている「表計算脳」から脱却することが、さらに高いレベルの分析に移行するための第一歩でもあるのです。

第**4**章

私たちはこうやってデータ分析で企業の問題を解決してきた

これまでINSIGHT LABが手がけてきた分析事例を紹介します。分析の難易度、業種、手法は驚くほどさまざまなバリエーションがありますが、データ分析を行う場合には、データの準備から実装まで、どこかの段階で解決すべき障壁がでてくるものです。全体の流れからすれば、ちょっとした問題かも知れませんが、これを解決をしないと、分析は先に進めません。私たち専門家の仕事とは、極論すればこうした問題の解決と言えます。

エンジニアリング会社A社
働き方改革に危機感を持つ経営陣が自ら把握できるように勤務状況を可視化

> **POINT**
> - 働き方改革は経営者が本気にならないと先に進まない
> - 経営者に勤務実態を正確に把握してもらう目的でデータを可視化した
> - 経営者だけでなく社員や他社の人事担当者からも興味を示してもらえた

　A社のシステム担当者から勤怠状況のデータ処理システムの構築を依頼されました。データはあるのだが、一目で分かる形のものにしたいのだというのが内容です。

　調べてみると、出退勤のデータはかなり詳細にまとまっていました。グループ企業や部門ごとに採用しているシステムが異なりデータもばらばらなのですが、大きな障害になりそうにはありません。ただし従業員の規模はグループ全体で数千人になる大規模企業なので、1ヶ月のデータだけでも、数十万行、1年だと300万行を超えてしまう計算になります。

　そこでセルフＢＩツールのアーキテクチャが威力を発揮します。データを読み込んで、社員の残業状況、有休消化の取得状況などを部門ごと、時系列などさまざまな切り口から比較、可視化できるシステムを作り上げました。

　見えてきた結果は、ごく当たり前の、どの会社にもある、働き方改革進捗状況のばらつきです。特定の部門の残業代が減ってい

第4章 私たちはこうやってデータ分析で企業の問題を解決してきた

データを可視化して経営陣を説得する

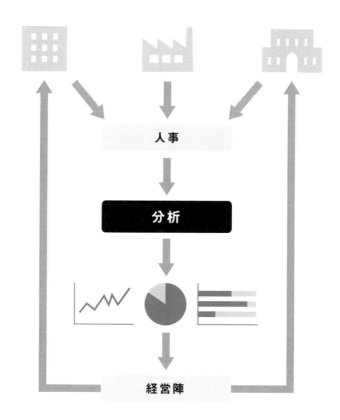

ない、定時退社と決めている水曜日の退社状況は前年に比べて改善していない、休日出勤の代休取得が少ない、有休取得は夏期休暇時期に多い、などです。

　では、なぜこの当たり前の結果を得るために、安くはない外注費を払って処理の依頼をしたのでしょうか。それは可視化にありました。

　人事担当者は、感覚的にある程度、状況は把握できています。しかし、データを可視化するスキルがありません。社内のシステム担当者は処理の技術はあるのですが、人事データのどこに分析のポイントがあるのかが理解できていません。データ処理の技術と経営者が必要とする経営分析、その両方に知見がある弊社に依頼が来たというわけです。

　人事担当者の共通の悩みは、社員に対する無力感です。人事から当該の現場に残業削減や有給休暇取得促進を訴えても、立場は対等なので「仕事があるんだからしょうがないだろう」の一言で無視されてしまうのです。それ以上に強制する権限はないので、現状維持が続いてしまうといいます。

　一方で、働き方改革は経営者にとっては重要課題となっています。社員の自殺騒動やブラック企業のレッテル貼りなど、労務管理の失敗は企業ブランドを大きく毀損することになるからです。社員が気持ちよく働く環境ができれば、定着率が向上し、新卒採用にもプラスになる。なにより生産効率も改善することは自明のことです。

■可視化で経営者を本気にさせる

　現場と人事担当と経営者、働き方改革に対する認識は大きく違っているのです。ここでは経営者が本気になるのが最短距離です。

社員の配置転換で業務量の平準化を図る、新規採用を増やす、人事評価の基準や給与体系を変えるなど、経営者ならいくらでも手段があるからです。

　問題は、経営者が勤務実態を正確に把握して本気になるかどうかに絞られてきました。人事担当者が可視化にこだわった理由がここにあります。現場と人事担当者の埋めがたい温度差は経営者でないと埋められないので、経営者が現場の状況を簡単に把握できるよう可視化されたデータに期待したのです。

　全体の状況が一目で分かる。経営者が、自らマウスをクリックしながら、仮説検証を繰り返して実態を理解する。取り込んだデータはすぐに分析に反映されるので、毎日でも状況の把握ができる。

　正直にいえば、このシステムは高度な技術を使っているわけではなく、かかった手間を他の案件と比較すると、本来、付けるべき対価は高くありません。にもかかわらず、何倍もの対価が認めてもらえたのは、経営者の人事に対して考える重要度が想像以上に高く、可視化によって得られる付加価値として評価されたからです。また、勤務実態の可視化は働き方改革に対する社員の理解を得るツールとしても重宝されているようです。

　こうした勤怠状況の可視化の実績を持ち出すと、多くの企業の担当者が強い興味を示してくれます。非常に課題が多い分野なのだということがわかります。A社の場合は、従業員の数が多いという障壁ひとつのために可視化をあきらめていたとしたら、単純な分析が現場の運用にまで至っていないケースはまだまだ存在するはずだと考えています。

大手小売りチェーンB社、テレビ放送キー局C社、衣料小物製造D社
人間が汚したデータを分析のために「洗浄」する

> **POINT**
> - さまざまなシステムから情報を集めてくる場合にデータの統一は必須
> - 取引相手に渡したデータは、先方のシステムに合わせて「汚されて」帰ってくる
> - データをグループ分けするためのカテゴリーづくりを自動化する

　第1章で、データアナリティクスにはPVAOの4つの段階があり、これをうまく循環させるのが成功の秘訣だと説明しました。この最初のP（Preparation）、データの準備には、分析を依頼してくる企業それぞれに事情があり、問題は多岐にわたります。しかし、ここを解決しない限り、目的の分析・可視化にたどり着けない、必須の作業でもあるのです。

　Pには抽出、変換、格納の3つの段階があります。このうち、変換作業の大部分を占めるデータの統一、クレンジングが分析には不可欠で負荷のかかる作業であることは、分析の専門家ならよく知っている実態です。

　最近は、データを取り出してくる技術も進んできています。これによって、より多くのデータを横串に刺すようにデータ分析ができるような土壌は整いつつあります。それでも、地ならしとしてのクレンジングは相変わらず必要です。

　急成長を続けている小売りチェーンB社でも問題は準備段階で

のデータの整理（クレンジング）でした。

　会計、コスト管理、ＰＯＳ、在庫管理など、システムは縦割りになっていてデータの互換性は高くありません。しかし、経営者の問題意識は、縦横無尽です。たとえば、「六本木店の売れ筋はどのタイプで、在庫は十分か」という、商売としては当たり前の分析でも、ＰＯＳ、会計、在庫管理それぞれのデータを統合しなければ分析できません。この分析だけなら、各帳簿から数字を拾ってきて電卓をたたけばいいのですが、経営者はどんどん新しい仮説とその検証を積み重ねながら、新しいビジネスのヒントを得ようとします。各システムがシームレスに、リアルタイムで繋がっている分析ツールが経営を支えるインフラになるのです。

　さらにこの企業の場合は、世界各国にも店舗を展開しています。それぞれの国には別々のシステムが入っているのですが、それも当然で、国によって税制や商慣習、システム担当者の得意とするソフトが違い、現地のシステムでないと対応できないことも多いのです。

　これらのデータを整理し、数字を統一的に扱えるようにするためには、それぞれのシステムから抜き出してきたデータ、あるいは各社員が入力したデータを、決められた順番に並べ替え、計算式を定義し、さらには内容を広範にチェックして、表記統一をとる準備作業をすることになります。個人データについては引っ越しや改姓、死亡などのデータのリフレッシュや同姓同名の人間がデータに出てきた場合、住所などから同一人物かどうかを判定することも準備段階の作業です。

■汚されて返ってくる動画配信データ

　こうしてきれいにクレンジングを施すのですが、最初はきれい

汚されて返ってきたデータを元の形式に整える

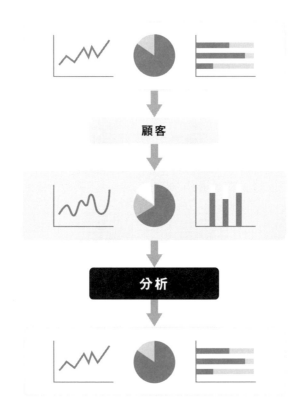

だったデータが汚れて帰ってくる場合もあります。

　テレビ放送キー局C社は精力的に放送番組の動画配信に取り組んでいます。配信に際しては、視聴者の属性や視聴された日時や場所、途中で視聴停止したとしたらどの時点か、事前に見せる広告を飛ばしたかどうかなど、精緻にデータが取得されています。これが広告主に対して「効果的に広告が届いている」とアピールするお宝データとなるのです。

　配信先は自社で管理できるサイトやアプリばかりではありません。いくつか外部の動画配信サイトも使っていて、ここからもデータがフィードバックされてきます。

　ところが、社外に配信データを渡した場合に、番組表記や番組に付けられたコードが配信サイト側で作り替えられてしまって、バラバラになってしまうのです。特に番組名の日本語の揺れがかなり大きく、フィードバックされたデータをそのまま突き合わせることができなくなってしまいます。人間の目でチェックできればいいのですが、その量は1日あたり数十万件にもなるので、表記の揺れを解析して変換する自動処理が不可欠になるのです。

　解決のために、蓄積されている「揺れた」データから傾向を見いだし、それを元にテストと修正を繰り返しながら、表記を自動で変換するシステムに落とし込んでいきました。

■小売店に代わって売上げ分析

　もうひとつ、同じような問題が衣料品の販売でも起きています。

　多くの小売業では、さまざまな販売データを収集蓄積して、売り場の効率化で激しい競争をしています。メーカーは小売りの現場には口出しできないのですが、それでも売れる棚を確保できれば、売上げを増やすことにつながります。

衣料小物を製造する会社のD社は、売上げデータの分析、特に個別店舗の売上げ状況を詳細に把握するシステム構築を依頼してきました。

　単価の安い衣料小物は、販売店にとってはおまけのようなもので、真剣に分析する対象にはなりません。それでもメーカーにとっては棚の確保が死活問題であることに変わりありません。プラスアルファの付加価値を提供することが営業戦略のひとつとなりうるのだといいます。そこで店に代わって売れ行きの分析を行って、与えられた販売スペースでの効率を上げ、収益に貢献するサービスを提供しようというのです。

　じつは小売店の販売データは、単品ベースの詳細なものはメーカーにも提供されています。ここから売れ線の商品の見極めと棚に並べる商品のラインナップづくり、曜日や天気などによる販売動向の検討、広告キャンペーンや店内イベントの効果測定を行うことができます。

　この分析を困難にしている要因は、小売りチェーンごとに集計方法、商品コードが違うことです。メーカーが持っている商品コードは、小売店で別のものに付け替えられてしまいます。当然、データは小売店のコードで「汚されて」帰ってきます。こうしたデータの「汚れ」は他にもあります。集計の周期にはチェーン店ごとに日次、週次の違いがあり、また個別商品を分類する商品カテゴリも、バラバラです。靴下を例に取れば、ある小売店では「メンズソックス」とされ、別の小売店では「ビジネスソックス」に分類されています。そうなると、メンズソックスにはスポーツ用も入るなど、カテゴリに含まれる商品群も違ってきます。

　こうした違いのために、小売りチェーン間の比較、ライバル会社製品の分析には一手間も二手間も必要になります。しかも、デ

ータの量は1万を超えることもあり、人間の手で処理するのは限界があるので自動化しなければならないのです。

ほかの事例と同じように、クレンジングを中心とした準備作業をすることになります。各チェーンから入手したデータは、それぞれの集計方法を解析して、変換テーブルを通してデータを準備します。付加価値の高い分析段階にたどり着くまでには、こうした工程が不可欠なのです。

製薬会社E社ほか
データだけでなく人間にも必要な標準化

POINT

- データを作成する考え方、基準がバラバラになっている場合がある
- 同じ表記に見えても、コンピュータが正しく認識できるよう統一が必要
- 全社的なシステムを構築する際には部門や担当者が抵抗勢力になり得る

ここまで見てきたように企業では多かれ少なかれ、データの標準化には手が回っていません。コンピュータのシステムの違いは、標準化するように整理すれば比較的簡単に解決します。難題となるのは人間、つまり人間の標準化であり、人間の壁を崩すことです。

人間に起因する数字や表記の揺れはあらゆるところで起きています。

営業の現場では、売上げ状況を営業担当者が数字にまとめて、

報告を上げますが、担当者はそれぞれ勝手に基準を作って数字を分析するものです。ある人はトータルな売上高、ある人は値引き前の建値で、またある人は平均単価でといった具合です。これが急成長企業であればなおさらで、営業担当者はさまざまなバックグラウンドを持っているので、営業や利益に関する考え方が違っていても不思議ではないのです。個人単位での分析なら大きな問題ではないのですが、事業部あるいは会社全体での分析は不可能になります。

　また、メガネという表記一つとっても、メガネ、眼鏡、ﾒｶﾞﾈ（半角カタカナ）、めがねと、システムによっても、入力する人によってもバラバラになります。このままではコンピュータ上ではメガネが4種類存在することになってしまいます。年号も2019（年）、19（年）、２０１９（年　全角の文字データ）、表計算ソフトが内部で使っている独自の日付コードなどが混在しているのは当たり前で、商品マスターすら現場ごとにバラバラに作成されており、全社で統一されていないことがあるのです。

　部門間の意識のブレも壁となって立ちはだかることがあります。
　企業のシステムは、部分的な最適によって継ぎはぎに構築されていることは何度も触れてきましたが、それぞれのシステムにはそれぞれの担当者がいて、その向こう側に納入業者であるベンダーがいます。
　どの企業でも同じですが、データ分析を必要としているのは、意思決定をおこなう経営者であり、横串を刺した全社的なデータを使わなければなりません。
　全体を見ないと、こんなことが起きます。製薬会社には医療情報を持って医師にクスリを売り込むMRという営業職種があります。E社では、一部のMRが医療情報をきちんと伝えないままク

第4章 私たちはこうやってデータ分析で企業の問題を解決してきた

バラバラの形式で記載されたデータを統一して分析する

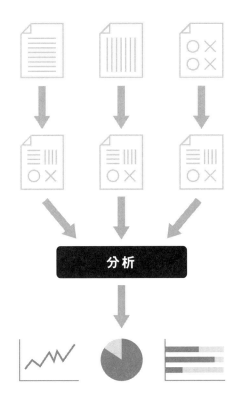

スリを大量に納入するような営業をしていました。

　するとどうなるか。MRの営業成績、ひいては営業部門の売上高や利益は順調に伸びているのですが、コールセンターにクスリの情報を問い合わせる電話が急増して、この部分のコストが営業現場の利益を上回るようになってしまっていたのです。会社全体では減益になるのです。こういう全体最適の視点での検証をするには、営業とコールセンターの数字の動きが同じテーブルで見えている必要があるのです。

■システム導入に「人間の壁」

　経営者の分析に使うシステムづくりは、準備段階では継ぎはぎのシステムからデータを抜き出して統合する作業が前提になります。その場合にも人間くさい問題が起きます。各部門のシステム担当者とベンダーが頑強な抵抗勢力となって登場するのです。彼らの意識も企業の全体最適に「標準化」しなくてはなりません。

　彼らの言い分は、自らが責任を負っているシステムの安定性やセキュリティとの兼ね合いです。新しいシステムに対する不安ですが、裏側にあるのは「他部門と比較されたくない」「余計な仕事を増やしたくない」であり、ベンダーからしたら「仕事を奪われたくない」という、心理が透けて見えてきます。また、処理の工程ごとに別の担当者がいるために、システム全体を理解している人がいないという状況も珍しくありません。

　経営者と現場の意識のズレ、それぞれに課された責任によって生まれてくるものなので、むしろ当たり前です。しかし、どうにかして現場のシステム担当者の理解を得ないことには分析のシステムを作ることができません。

　この場合は二つのアプローチがあります。

ひとつはシステムや分析の目的を理詰めでとことん説明することです。必要とあれば、関係する専門家を呼んで解説させることも厭ってはいけません。
　それでもダメな場合は、権力の行使です。多くの場合は社長直轄のプロジェクトであるので、言葉には出さないまでも「社長に逆らうのですか」と決断を迫るのです。ただし、この方法を使うと、非協力的な関係が後々まで続いてしまうので、最後の手段と考えねばなりません。
　こうした人間の壁は日本企業に限った問題ではありません。海外の有名企業にはＣＤＯ（Chief Data Officer）というデータの管理分析の最高責任者を置き、データを経営に生かそうというところが増えています。この役割は、社外からデータ分析を支援するデータストラテジストと同じで、より経営に近いところにいる社内の専門家と考えたらいいでしょう。こうした役割の責任者が増えていけば、少なくとも「人間の壁」の問題はなくなっていくはずです。データ分析の機動性も、分析結果が経営に反映されることによって生まれる価値も飛躍的に高まっていきます。
　システムを構築する外部の専門家に必要な能力として、コンピュータにかかる技術力に加えて「政治力」「コミュニケーション力」が指摘されることが多いのですが、これが理由なのです。
　「データとも人とも会話する」。いつも社内で言い聞かせている心得です。データ分析の段階までたどりつくためには標準化という人間くさい問題が避けて通れず、恐らくはこれからも絶対に無くならない仕事です。業務内容にまで踏み込んだ知識を持ち、顧客の信頼を得るコミュニケーション力を兼ね備えたデータ分析の技術者は、まだまだ少ないのが現状です。

大手機械メーカーＦ社の場合
ばらばらのデータをつないで
１０時間の作業を１０分に短縮する

> **POINT**
> - 不良品が発生した場合は、不良部品を使用したすべての製品、半製品を追わねばならない
> - 製造部品の管理は工程ごとになされているが、源流から河口までは統一されていない
> - 最新のデータ管理技術ならデータが膨大になることはないが、専門家でも知らない場合がある

　Ｆ社は国内に何ヶ所も製造拠点を稼働させています。そのうちのひとつの工場で、弊社が情報システムを使った効率化のコンサルティングを請け負っていました。いくつか挙がった改善テーマのひとつが、トレーサビリティでした。農産物などで話題になる言葉ですが、ここでは生産や製造の工程をさかのぼっていくことを指します。

　表に出てくることはありませんが、製造現場では不良品発生のトラブルは日常茶飯事です。特に機械器具の場合は、数多くの部品を組み上げて製品にしていくので、不良品の原因が特定の部品であれば、同じ部品を使った製品は不良品になる確率が高くなります。不良品が発生した場合にはすぐさま原因を特定して、原因となった部品と同じ時点で製造された他の部品（この製品群をロットと呼ぶ）が使われている製品を調べなければなりません。これが製造現場が求めるトレーサビリティです。

もし、不良品がそのまま市場に出てしまったら、広くユーザーに呼びかけて回収しなければならなくなります。その不良品で事故が起きてしまったら、製品やメーカーのイメージは著しく毀損してしまい、損害は間違いなく億、下手をすると数十億円の単位になります。

　だからこそ、製造現場では不良品が発生したらなるべく早く原因を特定し、最終製品が市場に出回らないように手を打たなくてはならないため、トレーサビリティのニーズは高いのです。

　では現場の実情はどうか。

　生産工程でのコスト管理が徹底しているいまどきの現場は、各製造工程で部品の管理記録は残されています。しかし、それは紙の台帳であることも珍しくありません。そしてその中身は「何時何分に、このロット番号の部品を受け入れて、何番から何番までの部品に組み込んでいった」というものです。情報をコンピュータで管理している製造現場もありますが、内容は似たようなものです。

　先進的な生産管理を実践していることで知られるＦ社の場合はコンピュータが導入されていますが、部品の不良が発生した場合、その部品が組み込まれているために出荷をストップすべき最終製品、作業途中の半製品をすべて特定するために１０時間かかるというのが、過去の平均的な時間でした。この時間を１０分以内に短縮しようというのが、今回の取り組みです。

■部分しか見ていない工程管理

　なぜ１０時間かかったものが１０分以内になるのか。ポイントはデータの管理方法にあります。

　１０時間かかる理由は、部品の流れが製造工程それぞれの時点

図26　部品の来歴をさかのぼるためには膨大な工程をチェックする

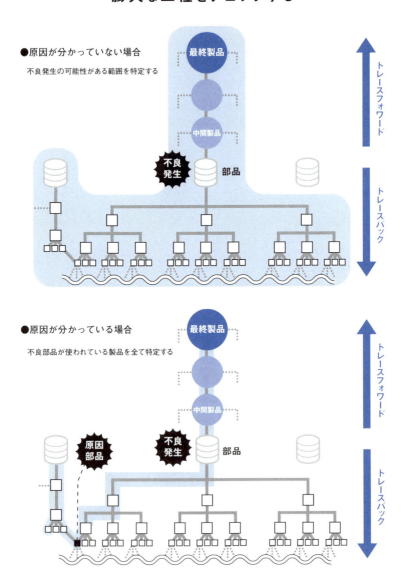

でしか管理されていなかったからです。

　たとえばAからJの10の製造工程があって、Aという部品が最初の工程で組み立てられてBという半製品になり、それが次の工程でC、さらにDと繋がって、最終的にJという製品になったとしましょう。現状ではそれぞれの工程で部品の出入りの情報は残されています。しかし、それは「CがDになった」という時点でのロット番号でしかありません。しかも、CがDになった時点でロット番号が新たに振られているのです。

　Jの不良品発生が発覚したときには、即座に他の不良品の存在を突き詰めなくてはなりません。それがCの時点の不具合であったと判明したなら、Cの時点までさかのぼってロット番号を特定することになります。なぜそこまで追いかける必要があるのかというと、Cの時点で製造された半製品は他の製品にも使われている可能性があるから、JからさかのぼってCを特定し、今度は逆にCから流れた先の別の製品もチェックしなくてはならないのです。同じロット番号の部品を使った最終製品まで追いかけていく「長い旅」になります。

　これはまだ、不良の原因が最初から分かっている場合です。おそらく、人間の手で処理しても10時間まではかからないでしょう。

　不良の原因はその場で分からないこともあります。そうなると、不良品に使われたすべての構成部品を源流までさかのぼり（トレースバックと呼ばれます）、その同じ製造ロットの部品が使われた最下流、最終製品まで下っていく（トレースフォワード）ためのデータをあらかじめ準備しておく必要が出てきます。単純化して、一工程で3つの部品を使って次の工程に渡されるとします。その場合、10工程あるとすると、データをさかのぼるだけで3

**工程ごとに付けられる部品データを
過去にさかのぼって記録する**

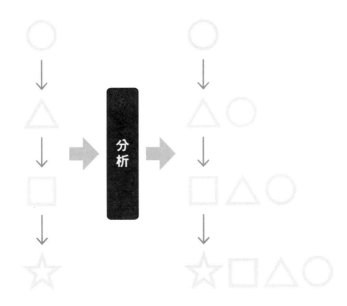

の9乗で1万9683のルートが存在します。いかに膨大かが分かるでしょうか。これを人間が行うと、仮にデータがコンピュータ管理されていたとしても、10時間くらいかかってしまうのです。

　この問題を解決するために、各製造工程を通過するごとに、部品それぞれに源流までの各段階のロット番号を「先祖データ」として付けていくようにシステムを設計しました。こうすれば、不具合が発生した製品の部品をクリック一つで追いかけられるようになります。10時間を10分以内に短縮できるからくりです。

　「なんだ、簡単なことじゃないか」

　だれもがそう思うはずでしょうが、一筋縄ではいかない現場の事情があります。このシステムの白眉は、技術や発想というよりは、現場の事情に寄り添ったソリューションであるところです。

■システム担当者の思い込み

　カギは2つ。部分最適による硬直性とシステム担当者の存在です。

　企業規模の大小、業務内容にかかわらず、企業の情報システムは全体から見ると継ぎはぎになっています。それぞれ現場の業務改善のために導入されているので、導入時期はばらばらで、システム構成はまったく違います。各部門の業務に最適化されているため、部門を超えたソリューションを構築しようとすると、さまざまなところでの調整や処理が必要になってきます。

　製造現場での部品管理もまさしくそれで、製造時間に間違いなく必要最小限の部品が届いていることを確認することに最適化されています。紙ベースなら論外ですが、コンピュータシステムでも既存のシステムに「先祖データ」を付加するよう機能を追加することはできません。

さらにシステム担当者の理解を得ねばなりません。システム担当者は、自ら管理できないシステムからの社内ネットワークへのアクセスを極端に嫌うからです。基幹システムに障害が出たときに責任が取れないからです。企業の規模が大きくなるほど、システム担当者が扱うシステムの規模や予算も大きくなり、生産設備のちょっとした改善までは手が回りません。

　知識不足という要因もあります。今回のシステムは汎用のソフトを使い短期間で構築したもので、１０００万円以下で納入しています。もし今回の仕様に基づいて、なれない担当者が設計したら億円レベルの見積もりとなっても不思議ではありません。部品一つ一つに先祖データを持たせると、工程が一つ増えるごとにデータ量が等比級数的に増大していくと考えてしまうからです。教科書的に考えると、むしろ当然なのです。

　最近のセルフＢＩツールには、こうしたデータの爆発的な増大を抑えるよう、効率的にデータ管理する機能があります。実際にはデータの増大は心配はないのですが、意外に最新の知識を持ち合わせていないのです。

　現場で立ちはだかる「障壁」を上手に回避するのは、さまざまな企業に入り込んでシステム構築を手がけてきた経験値という、人間の能力によるものは小さくないと考えています。

マーケティング会社Ｇ社
２０億件の販売データ処理を高速化するために先回りして計算する

POINT

- データが巨大になると、パフォーマンスが落ち、計算結果もズレ

が生じる場合が出てくる
- ほとんどの分析者が検討するパターンがある。先回りしてそのパターンを計算しておく
- 新規登録や変化が出たデータの部分に目印を付けるという方法も有効である

　量販店やコンビニ、ドラッグストアでは、さまざまな特典がつくポイントカードを顧客に持たせています。広く知られていることではありますが、ポイントカードは顧客へのサービスを主な目的にしているわけではないのです。顧客の属性と販売データを紐付けて、購買状況を詳細に把握するマーケティングデータ収集のためにコストをかけているのです。データを集める側からすれば、十分に見合うだけの情報価値があるのです。

　Ｇ社は、各チェーン店が蓄積しているデータを集め、分析加工してメーカーや販売店に対するコンサルティングで成長してきた会社です。この会社から「データ処理を高速化できないか」という相談を受けました。

　この会社は、契約した各企業にＷＥＢを通じてデータ検索のサービスを提供しています。データの件数は２０億件になるといいます。このデータを顧客が活用する際に、パフォーマンスの低下、データ集計の誤りが起きていました。どの程度のものかというと、検索をかけたときに１分ほど処理時間がかかる、1000件のデータを要求しても980件しか返せないというものです。

　その程度が問題なのかと思う向きもあるかもしれませんが、有料でサービスを提供する側からすれば１分はありえない遅延です。また、マーケティング分析においては、１件であってもサンプル数が狂うことは判断の誤りに繋がりかねないと考えます。シ

ステムへの信頼確保の意味も含めて、改善は急務でした。これまで何社かに依頼しても改善はかなわなかったとも。

そのシステムを検証してみて分かったことは、実にロジカルに、言い換えればく そ真面目に設計されていたという構造的な問題です。

マーケティングデータを統計処理する計算ロジックは、じつに複雑です。遅延や不具合が発生した理由は、顧客がシステムを使って結果を要求するたびに、データの取り出しから計算まで順を追って処理していたため、随所で処理が滞っていました。コンピュータは、基本的に「短気」な性格なので、一定時間データが途絶えると、そこで処理を止めてしまうことがあります。こうして遅延と不具合が発生することになるのです。

課題は「正しく、早くやる」にはどうするかです。基本的な方法は3つあります。

1. **インフラ基盤を最適化する**
   データ処理の量に見合ったサーバに機種変更したり、スペックを上げるためのチューニングを施す
2. **データモデルを検証する**
   データ提供のサービスのシステムでは、必要となるデータをいくつかのテーブルに分けて配置しておく。設計の巧拙でスピードが大きく変わる
3. **データ量を減らす**
   処理するデータを減らすために、そのプロセスを見直す

弊社では1から3まですべてを手がけて問題解決を図ったのですが、効果的な改善手段となったのは、2の「データモデルの検

巨大なデータを前処理して分析スピードをアップする

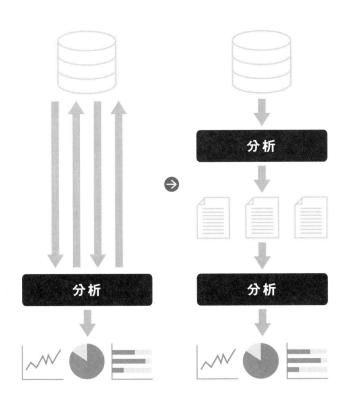

証」と3の「データ量を減らす」というものです。この場合のデータ量とは、蓄積したデータではなく、処理をするデータの量という意味です。

■**現場を知っているから解決できた**

既存のシステムでは、分析のリクエストが来るたびに最初から処理をする仕組みになっていたと紹介しましたが、分析は効率的なデータ配置の設計と下準備をしておくことで改善が見込めます。

小売店の担当者が販売データを分析するときには、必ず見たくなるデータがあります。主なものを挙げれば、「新規の登録顧客数」「来店客が同時に買った商品」「一人の顧客が一定期間の間に買った商品の種類と数（期間併売と呼ばれている）」「ある商品を買った顧客が2度目に同じブランドを買っているか（トライアル／リピートと呼ばれている）」「顧客の来店頻度」「ブランドの乗り換え」などです。

既存のシステムでは、これらの分析のリクエストがあるたびに20億件のデータにアクセスして取り込み、分析サイドでデータを処理していました。そのたびごとに処理をするのではなく、先に分析に使うデータの計算処理をしたり、呼び出すデータを絞り込んでおいて分析のリクエストが来た際に処理に使うデータの件数を少なくすれば、結果的にデータの量を減らしたことになります。

また、目印を付けるという方法もオーソドックスな手法です。たとえば新規の登録顧客数を調べる場合、顧客のもっとも古いデータを遡ってカウントするのが教科書的な方法ですが、新規登録があったことを示すデータを一つ付け加えておけば（これをフラグを立てるという）、そのフラグを数えれば済むので処理のスピ

ードは格段に速くなります。

　このときデータ総量は先に処理した計算結果やフラグの分だけ増えることになりますが、処理のたびごとに全データを読みに行くこととのトレードオフです。むやみに下準備をするのはデータが大きくなるばかりで逆効果でしかないこともまた確かです。ポイントは、必要なデータは何かが見えているかどうかにあります。

　データモデルとは、データベースの設計段階の問題です。主に２つの方向性があります。ひとつは「正規化」と呼ばれる方向で、処理の流れに忠実にデータを集めるテーブルを設計し、それを連携させていきます。全体の流れが見やすい、だれにでも設計ができるという利点の半面、計算が複雑化し、データを取り込む量が増えてしまいます。

　もうひとつ、統合化という方向性があります。必要なデータはなるべく同じテーブルに集めてしまって、全体の構造を簡素化するのです。これにはより高いコンピュータの処理能力を必要とします。

　今回は統合化の道を選びました。というのも、ここ数年でデータ圧縮やメモリ利用の効率化の技術が進んでいて、統合化のデータモデルでも無理なく処理ができるようになっていたからです。ただし、統合化にはさまざまな要素が複雑に絡み合っているので、最適な統合化の方法は、実際に動かしてみるまで分からない部分があります。そこで、統合化モデルをいくつか作成し、ベンチマークを行う作業が欠かせません。

　ユーザーがなにを求めているか、システムを使ってなにを知ろうとしているのか、マーケティング分析とは何なのか、そういったユーザー視点での解決方法が見えているかどうかがカギを握ります。料理にたとえるなら、料理方法での解決ばかりを考えてし

まって、材料を吟味するという視点が欠けてはだめなのです。その意味では、問題を解決したのは技術ではなく経験値という知恵だったといえます。

ダイレクトマーケティング関連H社、通販専門保険会社I社
優良顧客はどこから獲得できたのかを特定する

POINT

- ダイレクトマーケティングで重視されるのは、顧客の一定期間内の総購買額
- 顧客コードを起点としたデータ集計を行えば、優良顧客の動向がたちどころに判明する
- テレビCMの効果測定にはオンエアの情報とコールセンターにかかってきた顧客データを突き合わせる

　通信販売など一般消費者と直接つながっているダイレクトマーケティングでは、ＬＴＶ（life time value）と呼ばれる指標が重視されています。
　1回の購買額や購買品目ではなく、一定期間内での同じ顧客のトータルな売上高のことです。ＬＴＶが高い優良顧客はどうやって獲得できたのかという分析が、新規顧客獲得の戦略立案には必要になります。
　そのために、ダイレクトマーケティング関連企業であるH社は、DM、ウェブサイト、ＴＶコマーシャル、新聞広告など新規顧客となった「入口」別のＬＴＶ算出をするシステム構築を依頼してきました。優良顧客を獲得するためのプロモーションは、どの入

口に対して実施するのが効率的なのかを検証しようと考えたのです。

　問題は売上げデータが時系列で積み上がっている形式になっていることです。日次、商品、販売店のデータに顧客コードが付いている形式なので、そのまま分析処理をしようとすると、クロスする集計項目が増えてしまって時間がかかってしまいます。

　先にデータベースによる処理を行えば、顧客を起点としたデータ解析が単純化できます。売上げデータという「結果」の部分からのアプローチではなく、新規顧客になった時点からの集計という「出発点」からの集計です。さらに、顧客がどこから獲得できたのかフラグを立てておけば、簡単に入口別でのグルーピングをしてＬＴＶの平均的な数字も比較検討できます。対象期間はクリックひとつで自由に設定できるので、季節要因や年ごとの消費マインド、流行やヒット商品の有無など、さまざまな変数を考慮しながら検討できるようになるのです。

　仮に表計算ソフトを使って集計するならば、集計対象とする顧客のコードごとに期間の売上げデータを突き合わせて集計し、顧客を「入口」ごとにグルーピングして再集計することになります。何枚ものシートを串刺しにするため、データ量も膨大になります。しかも、機動的な設定変更は難しく、設定項目や手作業による処理も多いので、ミスも起きやすいのです。

■ＣＭの効果を精緻に測定する

　通販専門の保険会社Ｉ社も広告の効果測定にＢＩツールを利用しています。

　この会社はひとつの商品に、企業名を強調したもの、商品特性を前面に出したものなど4～5種類のテレビＣＭを用意していま

CMの放映データを
コールセンターの通話記録と突き合わせる

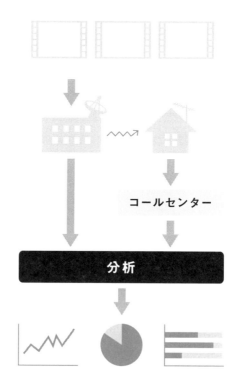

す。チャンネルや番組、放映時間帯や曜日によって、複数用意してあるどのCMの効果が高いのかを精緻に分析して、CMによるプロモーション計画を立案しているのです。

複数のCMがあれば、効果の高いもの低いものは自然に決まってくるのですが、話は単純ではありません。効果の高いCMばかりを流していると、レスポンスが下がってくるので、動向をにらみながら効果的にいくつかのCMを混ぜて流さなければならないのです。

放映するCMの種類によって申し込みの電話番号を変えているので、CMの特定は簡単にできます。また、顧客はCM放映から1時間以内に電話をするというパターンを経験的に知っているので、この1時間の間に流されたこと前提にすれば、評価対象のCMは特定できます。

しかし、問題は放映のタイミングのデータです。CMを流すおおまかな時間帯は指定できますが、放送局の都合によって流されるため事前に正確な時間、場合によっては本数すら分からないのです。また、同じ時間帯に複数の局から流れることもあるので、どのCMがいつ流されたのかという正確なデータが必要で、驚くべきことに人間の目でチェックするしかないのです。

そうしたデータは1ヶ月遅れで調査会社から提供されます。これが分析をややこしくしています。

電話がかかってきた時間と数のデータをあらかじめ用意しておいて、遅れて提供された放送データと突き合わせて、CMの効果測定を行うようシステムを設計しました。結果はヒートマップとしてデータの強弱を色分けする形で可視化してあります。こうすれば、何曜日のどの時間帯に、どの番組の提供として流した、どのCMのレスポンスが高かったかを一目で確認できます。複数の

CMが1時間以内に流れたときに、どの組み合わせなら効果があるのか。考えられる組み合わせを分析しながら、これまで積み上げてきた経験値をさらにブラッシュアップして、CMの効果を上げるというのが、この分析システムが目指すところです。

　じつは画像解析の技術を使えば、コンピュータにテレビ放送を分析させてCMの放映実績とその時間の特定を自動で瞬時に行うことが可能です。そうなればCMの効果測定は瞬時にできるようになり、広告出稿の無駄も大幅に減ることになるでしょう。しかし、実用化はまだ先の話です。

医療資材商社J社
結局は現場のおばちゃんに勝てなかった物品の管理

POINT
- 在庫量を厳密に管理することでコスト削減が実現する業種がある
- 将来の需要予測については、まだ人間の勘に及ばないこともある
- 仕様がめまぐるしく変化する場合も可視化によってデータベースの運用が簡単になる

　病院には独特の商慣習があります。物品物流管理（SPD）と呼ばれるもので、薬品や医療用資材など病院内に納入された材料は、現場で使われるまでは納入業者の持ち物であって、ストックとして置かれている間はまだ売上げが立っておらず、使われた時点で請求が発生するという仕組みです。

　ただし、SPDの導入が進んだのはこの10年ほどの話で、従来そうした管理は新米看護師の仕事とされていました。看護師不

足の折り、医療以外の仕事をさせるわけにいきません。ＳＰＤ導入のメリットは、コスト削減でもあります。在庫の最適化、余剰が多い手術器具の無駄の排除、より安価な物品への転換などで病院のコストダウンをバックアップするのです、

　その管理を請け負って業績を伸ばしてきたのがＪ社です。しかも、管理は無料で提供するのだというのです。

　無料にする理由は、業者選定の競争に勝つためです。なにごとにも経営の透明性が求められる病院は、定期的に納入業者を入札によって決定します。その際には、納入価格だけでなく管理ノウハウとコスト削減の実績も考慮されるので、管理にコストをかけたとしても十分に回収可能だと計算するのです。

　一方で医療現場という性格上、在庫切れは許されず、さりとて過剰な在庫はコストアップになります。消費期限切れも大問題なので、在庫はかなり厳格に管理されている必要がありました。

　その管理をさらに高度化するために弊社に相談が持ちかけられました。課題は在庫の透明化とコスト管理です。

　先に触れたように、病院の物品管理は大変気を遣います。だれもが在庫を確認できる状態にしておくことが、納入業者としての信頼性を高めることになります。そこにセルフＢＩツールを使った管理と可視化を持ち込もうというわけです。

■勘による需要予測の驚くべき正確さ

　現場には、仕事を取り仕切っているおばちゃんがいました。聞けば、Ｊ社の前の納入業者の時代から管理の仕事を任せられており、Ｊ社がそのおばちゃんを引き継いで雇用しているのだといいます。

　それもこれもおばちゃんのたぐいまれな能力のためです。

多品種にわたる医療資材を厳密に管理する

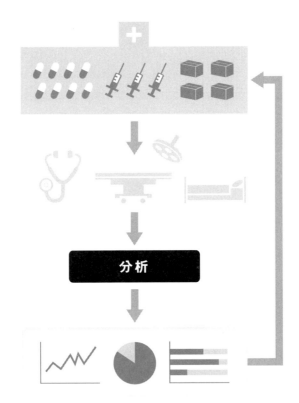

このおばちゃんは、長い経験からその日に薬剤や資材がどれくらい必要になるのかを直感で判断します。驚くことに、これがピタリと当たるのです。

「寒い日が〇日続いたから、この材料が出るようになる」「雨が続いているから、コレコレの患者が増える」といった数多くの因果関係、相関関係が頭の中にできあがっていて、それを元に数字を読んでいる「らしい」のです。らしい、というのは、おそらく本人の中でも理屈は分かっていないと思われるからです。

人々の病気発生の予想には、国家的なレベルで医療の専門家が日々取り組んでいるほど、限りなく多くの変数が存在します。その困難極まる予想をいとも簡単に実現してみせているおばちゃんの勘には、コスト的にも技術的にも勝ち目がないのは明らかでした。物品の需要予測については私たちは早々にあきらめて、おばちゃんに頼ることにしました。

一方で物品管理の可視化のシステムは威力を発揮しました。

病院の現場に管理すべき物品は極めて多種多様です。個々の数量をデータベースで把握するという基本的なところからはじまって、年間消費量の実績値などのパラメータと在庫量を突き合わせることで、消費期限の見える化ができました。あるいはこれまで実現できなかったコストダウンのシミュレーションも可能になりました。これはJ社にとっては両刃の剣でもあります。自らの効率の悪い部分も明らかになってしまうからです。しかし、マイナスの部分を見せる勇気によって、結果的には病院からの信頼を勝ち取ることになりました。

こうしたシミュレーションは、無理をすれば表計算ソフトでもできなくはないのですが、極めて種類の多い物品のデータを整理するだけで一仕事になります。そこに、特定の病気が急増したり、

治療法が変わったりして、使う薬剤や物品が入れ替わると、表計算なら設定のところからやり直しになってしまいます。扱えるデータ量にも限界があります。

データベースと可視化の機能に優れたセルフBIツールなら、どのような変更にもクリックでの設定変更で対応できるのです。

「これはいけないなぁ」と、私たちが作ったシステムを最初に動かした病院関係者が口にしました。なにか不都合でもあったのかと担当者に緊張が走ったのですが、「これなら一日中でも数字をいじってしまいそうだ」。それほどシミュレーションは医療機関の経営者には渇望のシステムだったのです。

もちろん、おばちゃんに勝てそうになかったことは重い事実です。長年の積み重ねから生まれた勘も、いつか分析システムとして実現化してやると、密かに闘志を燃やす材料になっています。

待ってろよ、おばちゃん。

旅行代理店K社、劇場運営会社L社
埋もれた顧客のデータを掘り起こす

POINT

- 顧客を会員として取り込んでも、その購買パターンは把握しきれていないケースがある
- 検索サイト経由の顧客は、その顧客が入力した検索ワードが重要な手がかりになる
- 顧客それぞれの購入動向の経年変化を追えば、プロモーションの方向性は違ってくる

９０ページでグラフを紹介した蓄積した顧客と、直近の売上げ

第4章 私たちはこうやってデータ分析で企業の問題を解決してきた

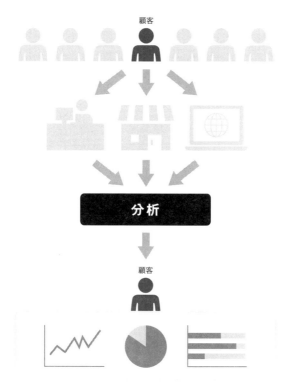

別々の事業部に蓄積された顧客データを統合する

に貢献した顧客のデータは、旅行代理店K社のものです。この会社では、ウェブを通じて旅行商品を買った顧客の分析までは手が回っていませんでした。根本的な原因は、取り扱う旅行商品の種類によってコンピュータシステムも担当者も異なっていることにあります。例えば、卒業旅行で海外に行った顧客が、数年経ってどんな旅行商品を買っているのかという分析は不可能だったのです。店頭に来た顧客とネットを使った顧客が同じ人であってもデータ上は別人にされていました。大組織によくある縦割りです。私たちは、データを横断的に収集、分析するシステムを導入し、それを通じて蓄積した顧客データを分析したのです。

顧客全体を分析すると、興味深い傾向が現れてきます。たとえば北海道のホテルの宿泊者です。観光が主要産業である北海道だけに、ホテルの宿泊者も北海道外からの客が多いはずだと思い込みがあっても不自然ではありません。ところが統合したデータを分析したら、北海道内のホテル利用客の半分は北海道民であることが判明したのです。北海道の客は北海道にいた、その事実が判明しただけで、広告戦略や旅行商品企画は大きく変わるはずです。

この会社は埋もれた顧客を掘り起こす取り組みを始めています。

まず一定期間利用実績がない休眠顧客を抜き出します。その顧客の行動パターンを分析します。旅行に行った季節はいつか、一緒に行った人がいたら、それは家族か、友人か。さらに遡って、特定の旅行先にこだわるリピーターか、それとも行く先を毎回変えているか。「夏はハワイ」など季節ごとに行き先が決まっているか。そして、その顧客が最後に買った旅行商品は何だったのか。

比較対象とするのは、同じ程度の期間の空白があるが、休眠から復帰した顧客です。これらの顧客が復帰した際に、どの地域のどんな商品をどの季節に買っているかのデータから、その傾向を

分析します。

　休眠顧客が復帰した事例からは、同じような休眠過程をたどっている顧客を復帰させる戦略のヒントが埋もれていると考えました。復帰のときに買った商品を、復帰した同じ時期に休眠顧客に紹介します。あるいは特定の地域へのこだわりが強い顧客へは、その地域の最新商品、特定の季節に旅行する傾向があった顧客へは、タイミングを見計らってといったように、有効と思われるアプローチはいくつもあります。この試行錯誤を支えるのが、分析によって判明したデータなのです。

　電子メールを含めてDMにも、顧客を掘り起こしたりロイヤリティを高める手法は数多く成功事例があります。しかし、このように顧客の特性によって細かな使い分けができているケースはむしろ少ないでしょう。それは顧客をうまく分析できていないことが一因です。既存のリストをそのまま使って、顧客の関心の薄い内容のメールを送ることは、むしろ退会のきっかけを作るだけで逆効果ですらあります。

　もう一つ、同社における新しい取り組みを紹介します。

　この会社では、さまざまな旅行商品を扱っています。そして、そのかなりのものがネットで販売されており、他のチャネルよりも新規の顧客が多いのだといいます。では、その新規顧客はどのような興味を持っているのか。ここが明らかになれば、効果的に改善ができるはずです。

　ネットでの新規顧客は検索サイトを経由して同社の販売サイトにたどり着きます。じつは検索サイトの側では、検索結果から同社のサイトへのリンクをクリックした人が、どんな検索キーワードを入力したのかを記録しています。詳細なデータは、有料で手に入ります。こうしたマーケティングデータが検索サイトの収益

源になっているのです。

　たとえば北海道の商品を買った顧客も、興味はバラバラのはずです。「層雲峡」や「富良野」など特定の地域、「夜景」「ドライブ」などのアクティビティ、「食べ放題」「寿司」などのグルメ、「ファミリー」「一人旅」といった形態など、旅行に求める本音は検索キーワードに現れてきます。あるいは検索キーワードの傾向を時系列で比較することによって、特定のブームが起きつつある予兆を捉えることができます。

　このキーワードと、実際に購入した旅行商品、参加人数や価格を紐付けるシステムを構築したのです。こうすれば、回遊ルートやアクティビティ、価格設定などを見直して、より「ヒット率」の高い旅行商品を設計することができるようになるのです。あるいは、広告宣伝でのアピールポイントも浮かび上がってくるというわけです。

■顧客を分析してメールを使い分け

　劇場運営会社L社でも改善の取り組みが始まりつつあります。長い歴史を持つこの劇場は、老若男女合わせて１０万人近いファンクラブの会員を組織しています。公演への動員数は安定的で、経営面での不安は小さい。しかし、こういう企業にも危機感を持つ担当者はいるのです。このままで将来は大丈夫だろうかと。

　というのも、ファンクラブの会員の年齢構成を調べてみると、圧倒的に中高年に偏っています。１０年後、２０年後も同じ人たちに劇場へ足を運んでもらえるとは限らない。いまのうちから新規顧客の開拓と、既存客のロイヤルティを高める施策はないだろうかというわけです。

　現状では会員数や売上げの減少という事態は起きていなかった

ため、年齢構成など単純な顧客の分析しかしていませんでした。会員に送るメールマガジンも、同じ内容のものを一斉同報しているだけです。

しかし、最近の風潮は、興味のないメールを送られることを嫌うことは言うまでもありません。ましてや、すでにチケットを購入した顧客にも案内のメールが送られているというから、改善は急務です。

ここでの取り組みは、ファンクラブの会員データと販売履歴の突き合わせから始めました。他の多くの企業と同じく、会員の管理と販売データは別々のシステムになっています。二つのデータを重ね合わせないと、顧客の購買行動の分析はできません。

販売データから判明した既にチケットを買っている顧客には、当該の公演案内のメールを送らないような仕組みを作りました。これは初歩的な処理です。

顧客分析の可能性は、この最初の環境作りができれば可能性が膨らんできます。

まずは過去の購買データを使ってＲＦＭ分析を行います。直近の購買状況（R：recency）、購買回数（F：frequency）、購入額（M：monetary）によって顧客をランク分けするのです。

これだけでもプロモーションの優先順位が客観的に決まります。ＲＦＭの高い顧客には優先的なサービスを提供して、固定化していくことができるのです。

さらにこのデータを過去のものと比較できれば、威力を高められます。たとえば１年前など比較対照する期間を決めて、顧客それぞれの過去の時点でのランクと、現時点でのランク付けをおこないます。この２つのランクを比較することで、顧客の特性とアプローチ手法を変えるのです。

過去も現在も高いランクを継続できている顧客は、最優良顧客と認定して、ランクの継続を促すような特典を提供します。ランクが上がった顧客については、ロイヤルティが上がった原因をチケットの購買データを使ってあぶり出すことができます。もし特定の公演を観た顧客が多ければ、それは「顧客を惹きつける要素が強い」公演と判断して、公演の企画作りやプロモーションに生かします。

　逆にランクが下がった顧客については、年齢、居住地、選んだ公演の傾向などを分析して、ロイヤルティを下げる要因が見つかれば改善テーマとなります。また、こうした顧客は、休眠予備軍でもあるので、手厚いプロモーションで引き留めるという戦略もありです。

　また、主演俳優には熱心なファンが存在します。今風に言うなら「推しメン」です。そのファンが別の主演俳優の公演チケット買っており、ファン全体にも同じ傾向が顕著であれば、かりに片方の俳優が引退しても、もう一方の俳優を主演に据えた公演を企画することでファンを引き留めることができます。

　こうして分析の基盤を使うことで、最終的には公演企画づくりや全体的な顧客ロイヤルティ向上にも示唆を与えるマーケティングデータができあがっていくのです。

アパレル大手M社
コンピュータにかわいいを学習させたら何が起きたか

> **POINT**
> - 「かわいい」という感覚を数値化するにはタグ付けによって教師データを作成する
> - 市場に出す前に、「かわいい」デザインになっているかを画像の分析によってチェックできる
> - 優良顧客の購買動向をクロス集計することで、ブランドごとの「かわいい」の傾向が数値化できる

　傘下に数多くのブランドを持つ大手アパレルのM社。兼ねてからつきあいのあったマーケティング部門の責任者から、こんな依頼が舞い込んできました。
　「かわいいを分析したい」「画像解析とディープラーニングが使えないだろうか」
　どんな顧客層であっても、女性は本能的に「かわいい」を求めている。ブランド戦略にとって極めて重要な「かわいい」は、半面、究極の感覚的表現です。担当者の勘に頼らざるを得なかった「かわいい」の展開を、数値化、可視化することで、より高度に戦略に取り込むことはできないだろうかという発想から生まれた依頼でした。そのために、商品画像に、そのイメージを言葉にしたタグ付けをすることで学習させるというアイデアも提供されました。
　おそらく世界を見渡してもだれも手がけたことがない難問です

が、北海道大学の研究者をメンバーに加え、画像解析やディープラーニングの技術を取り入れて、データを準備し、解析結果を可視化する作業を弊社が手がける体制で開発をスタートしました。

　まず用意したのはM社が蓄積した３万５０００点に上る服の画像データです。これらの画像は、ディープラーニングをかけるコンピュータに、「かわいい」とはなにかを教えこむための教師データづくりに使うものです。

　ディープラーニングには「教師データあり」と「教師データ無し」の二つの方法があります。

　「教師データあり」は、先に回答を示します。「こういうものを正しいと認識してね」と正解を提示し、そのパターンを学習させるのです。

　教師データを使ったコンピュータの学習が正しく機能すれば、さまざまな条件から予想数値を導き出したり（これを回帰という）、「これはネコ」「これは花」といったように、画像などのデータを定められた概念に分類できるようになります。小さな子どもが最初はイヌとネコとトラの違いが分からないのと同じで、学習のためのサンプル数や質が十分でなければ正しい回答を導き出すようにはなりません。最初の学習の時点で膨大なデータを読み込んで、コンピュータが認識しやすい特徴点の分析結果を蓄積し、正解との修正を繰り返す作業が性能を決めます。

　「教師データ無し」の手法は、データを自動的にグルーピングする場合に使われます。ネット通販で「この商品を買った人は、こんな商品に興味を持っています」と推奨商品が自動的に表示されるのは、裏側で商品の特性や購買履歴を機械学習によってグルーピングしておいて、買った商品に近いデータを提示しているためです。

■150項目の情緒成分を表現するタグ

「かわいい」の場合は、「かわいい」と特定するというゴールが決まっているので「教師データあり」の手法を使います。

問題は「かわいい」とは個人の感覚に他ならないことです。「イヌ」「ネコ」のような形態などによる明確な線引きができる場合は、まだ簡単なのです。感覚を数値化する場合、感覚に頼る要素が大きくなるほど、学習に必要な教師データの量は桁違いに多くなります。かわいいは、主観に基づく要素の強い言葉です。これがプロジェクトの最大の難関でした。

教師データは服飾系専門学校の学生たちの協力で作りました。教師データに使う商品画像を3万5000点セレクトし、スマホを使って1点1点、そのイメージのタグを付ける作業を人間の目で行ったのです。タグで表現される感覚の要素を情緒成分と呼びます。このタグと画像の特徴の関係性が、「かわいいとはこういうもの」と定義する教師データとなるのです。

付けられたタグの種類は「かわいい」だけでなく9分類、150項目にのぼります。色彩や形状だけでなく、「ガーリー」「フェミニン」などのイメージ、「とろみ」「もこもこ」「モード」といったアパレル特有の言葉や、「パーティー」「デート」「同性受け」「異性受け」「美術館巡り」など利用場面を想定したものもあります。今回のプロジェクトのように、主観的な言葉ほど見る人によってブレがでてくるので、より多くの教師データが必要になります。タグ付け自体は1点に1分くらいでできるとして、のべ3万5000分。投入された労力は膨大であることがお分かりいただけるでしょう。

次の段階で、このタグ付けされた教師データの商品画像をコン

ピュータが解析します。この段階が学習です。コンピュータは全体をイメージでとらえることができませんので、各部分の画像的特徴を数値化することで違いを見分けます。特徴を捉える項目は色や形、素材など２０４８に上ります。この特徴のデータと、その画像に付けられたタグを集計することで「こういう数値の画像は、こういうタグがつく傾向にある」という関係性を数学的に解析します。こうして学習が終了します。

■画像解析して自動的にタグ付け

　このコンピュータに新しい商品画像を読み込ませたらどうなるか。

　新しい画像を、学習時点と同じく２０４８の次元で特徴量を抽出して、数値に置き換えます。この数値を学習によって得られた傾向値と比較して、コンピュータがタグを自動的に付けるようになります。画像に人間の感性が反映されたタグが付けられることによって、あたかもコンピュータが感性を持ったような分析結果が得られるというわけです。これが感性分析の中身です（図27参照）。

　これによって、画像の評価や検索が可能になります。

　新しい商品を評価する場合は、ポジティブを１、ネガティブを０、ニュートラルを0.5として１５０項目についてそれぞれ数値化します。たとえば「かわいい」という項目について、もしこれが0.3であれば、かわいいに関しては「ネガティブ」という評価になります。

　検索の場合は、たとえばデートに使いたい服を検索するためには、「デート」の項目の評価数値が１に近いものから並べるという使い方です。

このほか、ブランドの商品群全体に付けられたタグの平均値を算出することによるブランド自体の特徴分析や、広告やカタログ作製現場での商品を表現する言葉の選択支援、最新流行の変化の数値化など、これまで専門家の勘に頼っていた作業がコンピュータに置き換えられていくことになります。

■世代やブランドによる「かわいい」の違いを明らかにする

分析はさらに深いところまで明らかにしていきます。

女性は何歳になっても「かわいい」を求めるものだと、アパレルの関係者は経験的に知っていることを先に紹介しました。しかし、20代のかわいいと、40代のかわいいは、当然、その内容は違ってくるはずです。また、ブランドによっても「かわいい」の表現方法は変わります。こうした「かわいい」(だけでなく、150ものタグすべてについて)の細かいバリエーションも、数値化、言語化されていくのです。別の面から言えば、ブランドに関わる人の間にある認識のブレを最小化していけるのです。

このように「かわいい」の定義、最新流行の分析と予測、ライバルブランドの評価などに使おうと、開発当初はそう考えられていました。しかし、システムが稼働してからは、想定外の新しい使い方がどんどんうまれています。

そのひとつがブランドの強化の支援です。

まず、蓄積している顧客データからブランドごとの購買履歴を調べて、優良顧客と判断された購入データを抜き出してきます。その優良顧客が買っている商品に対して付けられているタグの傾向(これを評価値と呼びます)を、ブランド全体の商品群の評価値と比較します。

**図27　かわいいの分析は教師データ作りから
スタートする**

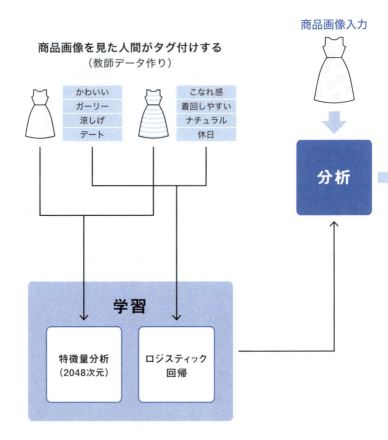

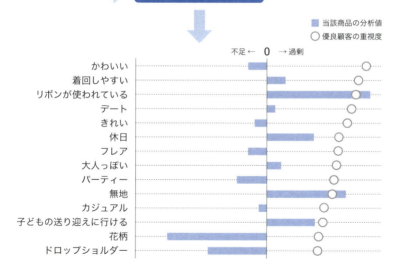

注目するのは、優良顧客が買っているコアな商品群の傾向と全体の商品群のズレです。
　優良顧客が購入する商品群と、そうでないものを決定づける要素をリストアップでき、その傾向の違いから、より強調すべき、あるいは、より抑制すべき方向性が見えてくるのです。
　商品の売れ行きの分析にも利用できます。期間内に消化率の高かった商品とそれ以外の商品について、同じように各タグの評価値を比較するのです。そうすることで消化率が低い、つまり売れなかった理由が、評価値の落差が大きいタグ群の言葉によって可視化できるのです。次のシーズンからは、売れない理由として浮かび上がってきたタグの情緒成分を手がかりに、商品ラインナップやデザインを調整することで消化率を改善し、収益性を高めることができるのです。
　当然のことながらこれまでは現場の勘に頼るしかなかったことです。

■デザインの支援にも利用

　今後はデザイナーの支援にも使われることになっています。
　新しい商品をデザインする際には、流行の状況や現場、商品企画から求められているキーワードが与えられます。それに沿ったデザインができるかどうかは、デザイナーの力量そのものなのですが、こうして出てきた新しいデザインが、求めている方向に合致しているかどうか判断する客観的な基準がなかったのです。そうなると、感性と感性のぶつかり合いで結論が出ず、結果はシーズン終了後の利益から判断する、ということになりかねません。経営サイドからすれば、不確定要素が多いビジネスです。
　ここまで説明してきた仕組みを使えば、「売れなかった商品群

をどう改善するか」を振り返る際には、情緒成分をパラメータとして調整してみて、実際の商品画像を抽出するという作業をすることになります。こうして呼び出した商品画像から、デザインの修正ポイントや商品群の組み合わせを確認していくのです。もちろん、数値をさまざまに変化させながらの試行錯誤は好きなだけできます。

　逆に、完成したデザインを画像入力して、分析結果として出てきた情緒成分の数値から、デザインがどのような傾向になっているか、ブランドの方向性にあったものになっているかという確認にも使えます。

第 **5** 章

データストラテジストの時代がやってくる

ビッグデータの時代にデータ分析の専門家のあるべき姿について考察します。本章ではデータストラテジストという名称を使っていますが、そこに込められた意味は、単なる情報技術者(データサイエンティスト)で終わっては顧客の経営改善には繋がらないということです。経営の戦略を理解して、その意思決定を支援するデータ分析を提供できなければなりません。言い換えれば、「現実社会」と「デジタルデータ」の橋渡し役です。

経営改革につながってこそ
価値が出るデータ分析

　「かわいい」をコンピュータに学習させるという、先に紹介した事例では、画像解析技術とディープラーニングを使ったタグの関係性の分析によって、曖昧模糊とした人間の感性を数値化し、コンピュータでの運用を実現しました。私たちが２０１９年時点で到達したコンサルティングの最大の成果だと自負しています。

　人間の感性で成り立っているアパレル分野は、感性の部分を支援するシステムがこれまで存在しませんでした。言い換えれば、産業全般で現代的な経営革新が進んでいる中で、運と勘と度胸、つまり不確定要素が色濃く残っていた産業でもあるのです。多少、自画自賛にはなりますが、感性の数値化は、アパレル産業の多くの部分に存在する不確定要素を減らす形で、経営革新のきっかけを作りつつあるのです。

　ただし、ここで強調しておきたいことは、分析のシステムとは「かわいい」を分析するという現場における業務の支援ツールにとどまらず、経営全体の革新に多層的に繋がってなければならないということです。逆に言えば、分析のシステムは経営改革に繋がるよう設計されているかどうかが、評価を分けるのです。

　たとえば「かわいい」とは何なのか、は技術的な興味でしかありません。「かわいい」は何のために分析するのかというマネジメントサイドの発想がセットになっている必要があります。これは他の事例にも共通した「成功のカギ」です。

　「かわいい」を数値化すれば、デザインにマーケティング的な視点が取り入れられ、商品の消化率を向上することができます。

店舗作りや広告戦略にも生かすことができるはずです。本書で紹介してきた別の事例では、全社員の勤務状況を可視化することで経営者のアクションに繋げられました。不良部品を短時間で特定することで、その後に起きたかもしれないリコールや事故を事前に回避できるようになります。休眠顧客を掘り起こすヒントを得て、将来も安定的に優良顧客を確保していけます。

　このようにデータ分析のシステムを設計するには、ただデータを集めて計算するのではなく、マネジメントが求めている視点にまで分析結果を落とし込まなくてはなりません。そのためには、技術の側にも企業経営の知識と経験が必要です。

　少し引いた視点から、これまでのデータ分析システムの作られかたを考察すると、システムを作るサイドからは企業経営が見えないことが多いようです。一方でマネジメントの立場からはデータ分析の技術や有用性がなかなか見えてきません。技術と経営、これがシステム構築に立ちはだかる根本的な行き違いです。それぞれに専門家がいる、この間隙はだれかが埋めなければなりません。

技術と経営の連携を実現するセルフBIツール

　詳しく説明しましょう。
　従来の分析の仕組みでは経営課題の発見と、データ分析による解決には何人もの専門家が役割を分担して関わっていました。経営課題の発見と解決のための要件定義はマネジメントの担当者、もしくは経営コンサルタントの仕事です。コンサルタントの作成した青写真に従って、データを収集・整理・集計して、要件定義

に沿ったデータの集合体であるデータマートを準備するのはデータベースエンジニアの仕事です。その結果は、社内のシステム担当者、事業責任者の手を経てマネジメントの判断材料として届けられます。

　これらが有機的に繋がっていないことが問題なのです。

　従来の仕組みであれば、マネジメントの手許に届くデータは、目的に沿った、つまり最初に設定した要件定義に沿ったものでしかありません。新しい分析を試みようとすると、一から出直しになります。柔軟性に欠け、時間もかかる仕組みだと言わざるを得ません。もちろん、新しい分析をするたびにコストがかかります。

　それではマネジメントのニーズは満たせているとはいえません。たとえば、市場は常に動いています。事業の現場も同じように環境が変わります。その変化の兆しを捉えて、臨機応変に対応するのが、マネジメントの責務です。兆しを捉え、それが何なのか分析を加えたり、変化に対応した場合に各種の数値がどう変わるのかシミュレーションを行おうとするときに、「コンサルタント」「データベースエンジニア」「社内の担当者」といった段階を踏んでいるヒマもカネもないのです。

　このもどかしさは相当なストレスになるのですが、なにもマネジメント担当者に限ったことではなく、現場を預かる責任者、マーケット分析や商品企画担当者にとっても同じです。

　そこに、だれにでも使える分析ツールとして登場したのが、本書で再三紹介してきたセルフＢＩツールであり、これ自らが操作して判断を下すセルフＢＩなのです。分析技術が現場に一歩近づいたという見方もできます。

　セルフＢＩの仕組みの下では、手許にあるセルフＢＩツールには、雑多なデータの集合体であるデータレイクから分析に使うデ

ータが取捨選択されたデータマートが用意されています。また、必要があれば、データレイクから直接集めてくることもできます。そうしたデータを使って、状況分析や仮説検証のためのシミュレーションが何度でもできるようになります。そして、その結果はだれもが正しい判断ができるように可視化されています。

こうしてセルフＢＩツールはマネジメントや現場担当者の仕事を支えることになるのです。

経営学者のドラッカーは、マネジメントの課題をオーケストラの指揮者にたとえて説明しています。

> 組織としての真の総体を生み出すには、経営管理者（筆者注：経営トップのことをこう表現している）たる者がそのあらゆる行動において、総体としての成果を考えるとともに、多様な活動が相乗的な成果をもたらすよう留意しなければならない。おそらくここにおいて、オーケストラとの比較が重要な意味をもつ。オーケストラの指揮者は常に、オーケストラ全体の音ともに第二オーボエの音を聴く。（『現代の経営　下巻』２１１ページ）

この指摘は、これまで分析手法の中で重要な数値目標設定として紹介してきたＫＧＩが「オーケストラ全体」と、ＫＰＩが「第二オーボエ」と重なります。第３章ではＫＰＩが変化したときに他のＫＰＩやＫＧＩにどんな影響がでてくるのか、個々の数値が全体と連携した形でシミュレーションができるシステムを構築したことを、紹介しました。それが各指標が有機的に繋がることの意味であり、ドラッカーは繋がることの意味を「多様な活動が相乗的な成果」、あるいは「オーケストラとの比較」と表現してい

るのです。同書ではさらにこう続きます。

> 経営管理者は、二つの問いを同時に発しなければならない。その一つは、事業全体のいかなる成果の改善が必要か、そのためには個々の活動において何が必要かである。もう一つは、個々の活動のいかなる改善が可能か、その結果事業全体のいかなる業績の改善が可能かである。（同書２１２ページ）

　ＫＰＩとＫＧＩの調和の示唆とともに、「個々の活動」についてもマネジメントが理解する必要性が呈示されています。しかし、マネジメントが個々の活動にまで改善の目を配らなければならないとしても、事業の細部まで理解できるものではありません。ここでデータの分析と可視化によって判断された適切な目標設定が重要な意味を持つと、ドラッカーの言葉はそう読むことができます。

マネジメントまで理解しているデータストラテジスト

　では、セルフＢＩの時代に、私たちのような外部の専門家の仕事はどう変わるのか。本書の冒頭で私たちのことを「現実社会とデジタルの橋渡し役」として紹介しました。それは同時に技術と経営、その両者の橋渡し役でもあります。
　コンサルタントが作成した要件定義に沿ったものだけでなく、「こんな分析ニーズがあるはずだ」「こんなデータが使える」というところに先回りして、設定とデータマートを作り込んでおきます。本書で何度も触れてきましたが、データレイクに集められた

雑多なデータの整理やクレンジングには大変な手間がかかります。また分析のための手法や発想は、これまで積み上げてきた経験や知識から、マネジメントが気づいていない切り口を用意できます。セルフBIツールの機能を深く理解していれば、より複雑な分析やシミュレーションが可能になります。

マネジメントが分析やシミュレーション、その結果としての判断に専念できるよう、技術の側からマネジメントに限りなく近づいていく役割が必要とされているのだと、ことあるごとに認識させられています。

それは、この業界で使われているデータアナリストやデータサイエンティストといった「分析の専門家」というニュアンスで表現される職能では収まりきれず、「経営の視点も併せ持った」という意味で「データストラテジスト」と呼ぶべきものだと考えています。

じつはここを担う人材がいま、決定的に不足しています。

「このデータが使えるとは思っていなかった」。顧客の現場では、こういう評価をいただくことがあります。これはデータをコンピュータで使えるようにするという意味ではありません。データを分析して新たな知見を得ること、マネジメント担当者が「使える」と口にするときは、知見を得られたという驚き、満足が裏側にあります。これが新しい時代の専門家としての評価となるはずです。

AIは判断材料であって結論ではない

もちろんこれからもAIや機械学習など、最新の技術は急速に普及していくことでしょう。いつの時代も同じですが、新しく生まれた技術には、過度な期待が寄せられます。機械学習やディー

プラーニング、画像認識の技術の総称であるＡＩは２０１９年時点では、まさしくそういう技術と期待されています。

確かにＡＩを使えば、膨大で雑多なデータの特徴を数値化する、傾向値をまとめ、グループ分けしながら予測するという作業が考えられない規模とスピードで実現します。人間の行動プロセスでいえば「知覚」「認知」「記憶」「学習」となるでしょうか。

前に紹介した「かわいい」の例では、さまざまなモノや言葉に付けられるタグの分析に、バスケット分析や通販サイトのレコメンデーションに応用されているアソシエーションルールを使うことで、タグの共起性、つまりタグとタグの関係性の深さ、依存性によって分類することができます。モノや言葉を人間は心の中でどのように認識しているのかを、タグの共起性によって心の可視化ができるのです。

しかも最新の技術では「リボンが付いている」から「かわいい」という関係性は認めても、「かわいい」から「リボンが付いている」という結果は出しません。人間の思考をなぞるように、タグの依存の方向も分析できます。

こうして「かわいい」や「エレガント」を実現するには何をしたらいいのか、かなり深いところまで思考の材料を提供できるようになります。

このように、「かわいい」を適切に分析すれば、これまで不可能だったことを実現できることがお分かりかと思います。

しかし、ＡＩが導き出すデータは、究極的には入力したデータに対する「イエス」「ノー」もしくは「確率」です。「結果」であって「結論」ではなく、「分析から得られた判断材料」であって「最終的な経営判断」ではありません。ＡＩは最終的な回答を出してくれるわけではないのです。ここの誤解がとても多いのではない

でしょうか。

　ＡＩを使ったとしても、そこから出てきたデータをどう読むか、どうやったら問題解決につながるデータを見つけることができるか、つまり「思考」は人間の仕事です。

　かわいいを構成する要素だけでは経営判断には繋がりません。「売れている」という経営数値と組み合わせてはじめて、「売れるかわいいとはどんなものか」が見えてくるのです。売れる商品と売れない商品、それぞれに付けられたタグを情緒成分として利用します。さらに機械学習を使えば、「売れる」「売れない」に影響する情緒成分を影響度の大きい順に抽出することもできます。こうして売れ行きを左右する要素が具体的なキーワードとともに数値化されるのです。この結果を元に、「このブランドは、こういう要素を強調したかわいいを全面に押し出す」といった戦略を立案していきます。ここまでたどりついて初めて、収益の改善、経営改革という果実を手にすることができるのです。

　ＡＩと企業内に蓄積されたデータと結びつけ、思考する段階で新たな知見は生まれるのです。

■ＡＩを分析軸のひとつとして活用する

　では現実に戻って、データを分析したい、あるいはしなければならない事態に直面している方の中には、目の前にあるさまざまなデータから何をどうやって分析したらいいのか、まだ戸惑っている人も多いと思います。実際、企業内でデータ分析に携わる人でも、なんとなく経験的にやっている人が多いというのが実態でしょう。

　しかしながら、本書でここまで紹介してきたように、手法はある程度定型化されていることがお分かりいただけたかと思いま

図28 AIデータも分析の材料として取り込んで経営判断につなげていく

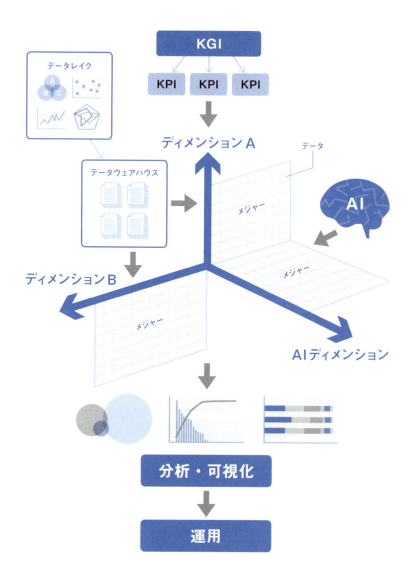

す。最後に、全体の流れを整理してみましょう。

まず、データはディメンション（分析軸）とメジャー（測定値）の組み合わせで分析するのだということが共通した基本です。これは統計学でいう説明変数と目的変数と同義だと捉えても構いません。

ディメンションを整理するためにはビジネスフレームワークのような手法が役に立ちます。

また体系化されたＫＧＩ・ＫＰＩが用意されていれば、分析の目的が明確になり、ＫＧＩやＫＰＩを算出するためのデータであるメジャーの選択もより正確なものになります。

このような分析数値の可視化には、従来は蓄積された企業内データを元に行われてきました。そこに新たに登場したのがＡＩデータです。前章でご紹介したＡＩの結果データはこれまで企業が諦めていた、主観的で定性的なものも数値化する新しいデータの活用法と言えるでしょう。

そうすることで何が見えてくるか。

アパレルブランドが最も大切にしたいロイヤル顧客はどんな商品を求めているのか、その背景として「かわいい」をどう捉えているのか（それは顧客自身が説明することすらできないことなのですが）さえ、数値化することができます。

さらに突き詰めていけば、売れる商品の正体が分かるかもしれません。それを時間軸とともに傾向を追いかけていけば、売れる商品の変化を示してくれる可能性もあります。アパレルの事例でいいますと、それは「美の変遷」とも言えるでしょう。

紹介した事例での重要なポイントは、ＡＩが導き出したデータを、そのままで終わらせるのではなく、分析の材料として活用したということです。ＡＩのデータは「結果」であって「結論」で

はなく「判断材料」であって「経営判断」ではありません。ＡＩのデータを、そのほかのデータにフィードバックして、より正しい判断に結びつけるようシステムを設計をする。そこがポイントです。

　紹介した事例では、タグ（かわいい、ガーリーなど）がディメンション、その結果データがメジャー（らしさを表す０.８などの数値）となります。これをシステムに再投入して、既存のデータをかけ合わせていく。例えば、ロイヤル客にとっての「かわいい」を分析するなら、ＲＦＭ分析でセグメントされたロイヤルティの高い顧客が購入した商品と、それに紐づくＡＩ結果データを掛け合わせて分析していくことで、ロイヤル顧客の「かわいい」が数値として返ってきます。これを元に商品ラインナップやデザインの方向性を「経営判断」していくのです。

マネジメントにフィードバックして初めて機能するAI

　このようにＡＩから出力されるデータと、人間の思考のシナジーがもたらすインパクトは計り知れません。このシナジーをシステムに取り込むよう設計するのが、ストラテジストの重要な役割と断言してもいいでしょう。

　ＡＩと経営、その両方に対して知見や経験をもっているマネジメント担当者は、まだごく少数です。ただし、この部分の重要性に気づいている会社は増えつつあります。さきに少し紹介しましたが、イギリス、アメリカ、ドイツの有力企業では社内のデータ責任者であるＣＤＯを置く動きが広がりつつあります。国内でも大手都銀や化学メーカーでＣＤＯが誕生しました。さまざまな成

功事例や試行錯誤を積み重ねて、こうした知見は広まっていくのでしょうが、いまは私たちのような専門家の役割です。

　技術と経営、分析と思考、新旧の技術、二つが揃ってはじめて経営改革が実現することは、いつの時代も変わりません。技術と経営の両方が分かる。データを武器にした「戦略家」として新たな価値を創造するデータストラテジストを、時代が求めているのだと考える理由です。

あとがき

これからもビッグデータを料理し、
社会を豊かにしていく手伝いをしたい

INSIGHT LAB株式会社
代表取締役ＣＥＯ
遠山 功

　いきつけのレストランでなじみの客が「いつもの」と注文している姿を見て、かっこいいなぁと思ったのが、東京電機大学の理工学部数理学科で数学とプログラミングを学んでいた頃の私・遠山です。この「いつもの」をデジタル化できないかと考えたのが、ビッグデータの分析を手がける会社を立ち上げたＩＴ起業家としての出発点でした。

　小学校の頃からプログラミングに親しんでいたので、大学を卒業したころには１０以上のプログラミング言語を使いこなせるようにはなっていました。そんな自分でも、「いつもの」という短い言葉の向こう側には、客の好み、その日の天候、職業、趣味など、実に人間味がある、プログラミングだけでは解決できそうにない、さまざまな変数が存在していることがぼんやりと見えてきて、リアルなビジネスの奥深さに興味をそそられたものでした。

　もうひとつ、社会の問題を解決していくことも人生の目標に持っていました。そういう気持ちからか、中学高校の数学の教員免許も取得しています。自分なら、リアルを分析して解決策を提供

する仕事ができるんじゃないかと思い、大学卒業後にはある中小企業を経てデータベースマーケティングの会社に就職をします。

そこで出会ったのが、誰もが名前を知っている外資系食品関連企業の消費財プロモーションのプロジェクトです。商品へのロイヤルティを高めることが求められた目標でした。実現のために、データを集め、分析のためにデータにクレンジングを施し、顧客の構造や消費パターンを分析して、キャンペーン計画に落とし込んでいく。データ分析を武器に社会の問題を解決しようと思っていた自分にとっては、おもしろくて仕方がない仕事でした。

半分は若気の至りですが、このままだとせっかくのチャンスを生かせなくなると考えて、27歳で独立を決め設立したのがいまの会社、INSIGHT LAB株式会社（設立当時の社名は有限会社アイウェイズ）です。

データストラテジストには、分析を求める顧客企業の現場レベルで求められる3つの能力があると言われています。

1. ビジネスにおける問題解決力
2. 情報処理、統計学など情報科学の知識
3. データサイエンスを現場に応用、実装するエンジニアリング力

大学でプログラミングと数学を学び、データベースマーケティングの会社で若きマネージャとして大手企業のコンサルティングを手がけていた自分には、本当にめぐまれた偶然ですが、この3つの能力が身についていたのが幸いしました。

初期段階では顧客にも恵まれ、信頼できる仲間5人でがんばって5年である程度の売上げを達成できるようになっていきまし

た。その時点で、じつは会社の解散を考えたことがあります。というのも、顧客からの依頼がどんどん増えていったのは良かったのですが、データ分析以外の仕事も少なくなく、業務の幅がどんどん広がってしまったのです。その結果、本当にやりたいデータ分析の仕事に集中できなくなっていきました。

　正直言って、このまま業務を拡大していくことに戸惑いを抱えたままの数年間となりました。遅ればせながら選択と集中に取り組めないかと、当時のスタッフ全員に相談しました。「このままいくか、会社を解散するか、事業を継続するか」。結論は、事業を継続する、であり、選択と集中で会社の経営方針の舵を切り直すことにしました。

　いくつかの仕事は断りましたが、こんどはリーマンショックがきっかけとなった追い風が吹きます。

　世界的な経済混乱をきっかけとして、企業はマーケティング戦略を一斉に見直し始めたのです。そこで、ウェブサイトを中心にマーケティングのデジタルへの移行が世界で同時多発的に発生しました。効果が見えにくいアナログな方法を捨てて、顧客とダイレクトに繋がることができて、効果測定も容易なデジタルへという流れです。

　そうなると、データストラテジストの出番が飛躍的に増えます。この大きな流れに、我が社は救われたのです。その間に社員の定着率は向上し、頼りがいのあるスタッフが揃ってきています。

　我が国におけるデータ分析の市場規模は、ハードやソフトを除けば2622億円（２０１７年度　ミック経済研究所「ビジネス・ア

ナリティクス市場展望　２０１７年版」)、この１０年間で倍になったと見積もられています。さらに２０２４年度には5555億円にまで伸びると予測されています。本書の冒頭、「はじめに」でガートナー社のハイプ・サイクルでは「ビックデータは陳腐化する」「業種・業務特化型ソリューションの一部として広がっていく」と分析されていると紹介しましたが、この業種・業務特化型とはまさしく、弊社が得意とする企業内での分析ニーズだと考えています。このように、今後の成長も期待できるこの市場だけに、技術力と人に恵まれた社業の将来は明るいといえます。

　では、どうやってこれから業容を拡大していくか。

　ＩＴビジネスの難しいところは、最先端が必ずしも正解ではないという参入のタイミングがあります。時代の流れと技術の動向を読んで、最適なタイミングで最良のサービスを投入する。このための見抜く力をどうやって身につけていくのか。会社と社員に責任ある立場の私に課せられた課題です。

　現在、イスラエルに拠点を作ろうとしています。この国は人口９００万人弱の小国ではありますが、国を挙げてＩＴ産業の育成、国民の教育を行っていて、最初から世界市場を狙うような最先端のＩＴ技術を持っているＩＴビジネスの先進地です。この地のスタートアップと手を組んで、新しいイノベーションを生み出したいと考えています。

　２０１８年秋に現地に赴き、大手企業や大学研究者に「かわいい」を分析した実績や日本が得意とする顧客向けのカスタマイズの手法などをプレゼンする機会がありましたが、彼らにとっては

日本の技術力やノウハウは驚きだったようで、お互いの得意分野を生かした協業への自信を深めることができました。

この地から、ビッグデータ分析やＡＩ活用の新たなプラットフォームを生み出し、世界に発信していこうと考えています。

創業時の社名、アイウェイズ（ｉＷａｙｓ）のｉには５つの意味を重ね合わせています。「Information Technology」「Intelligence」「Imagination」「Interactive Communication」「Innovation」。デジタルの技術ばかりでなく、知恵やコミュニケーションも重要だと考えた末の５つの柱です。「かわいい」という感覚をデータ化したように、リアルとデジタルの間を行ったり来たりしながら社会を豊かにしていく、という我が社の企業理念は、現場の問題はデジタルと人間の両方を知らないと解決できないという認識から生まれています。今後もこのことにまっすぐでいたいと思っています。

最後になりますが、まだまだ使い方やテクニックについて情報の少ないセルフBIツールの活用方法や分析手法について、下記の弊社ナレッジサイトで無償公開しています。本書とともに、技術の啓蒙の一助となればと期待しています。

・Tableauナレッジ　https://tableau-i-ways.com/
・QlikSenseナレッジ　https://qliksense-i-ways.com/
・QlikViewナレッジ　https://iw-qlikview.com/
・Sisenseナレッジ　https://sisense-knowledge.com/
・RPA(Robotics Process Automation)ナレッジ　https://rpa-knowledge.com/

参 考 文 献

- 『競争優位の戦略　いかに高業績を持続させるか』　マイケル・E．ポーター著　土岐坤訳　ダイヤモンド社　１９８５年
- 『時間旅行の愉しみ』　野口悠紀雄著　ダイヤモンド社　１９９８年
- 『ザ・ゴール』　エリヤフ・ゴールドラット著　三本木亮訳　ダイヤモンド社　２００１年
- 『マーケティング原理　第９版　基礎理論から実践戦略まで』　フィリップ・コトラー／ゲイリー・アームストロング著　和田充夫監訳　ダイヤモンド社　２００３年
- 『現代の経営』(上下巻　ドラッカー名著集)　ピーター・F．ドラッカー著　上田惇生訳　ダイヤモンド社　２００６年
- 『完全独習　統計学入門』　小島寛之著　ダイヤモンド社　２００６年
- 『バッドデータハンドブック：データにまつわる問題への19の処方箋』　Q.Ethan McCallum　磯蘭水監訳　笹井崇司訳　オライリー・ジャパン　２０１３年
- 『データ分析ってこうやるんだ！　実況講義：身近な統計数字の読み方・使い方』　吉本佳生著　ダイヤモンド社　２０１３年
- 『真実を見抜く分析力　ビジネスエリートは知っているデータ活用の基礎知識』　トーマス・H．ダベンポート、キム・ジノ著　河本薫監修　古川奈々子訳　日経ＢＰ社　２０１４年
- 『ビッグデータベースボール』　トラヴィス・ソーチック著　桑田健訳　KADOKAWA　２０１６年
- 『データサイエンティストが創る未来』　スティーヴ・ロー著　久保尚子訳　講談社　２０１６年
- 『ビッグデータを支える技術』　西田圭介著　技術評論社　２０１７年
- 『データサイエンティスト養成読本　ビジネス活用編』　高橋威知郎ほか著　技術評論社　２０１８年
- 『情報通信白書』(各年版)　総務省

このほか、多くのウェブサイト、新聞データベース、統計調査を参考にしました

［著者］
遠山 功（とおやま・いさお）

1977年東京都生まれ。小学生の頃からプログラミングを学び、2000年の東京電機大学卒業までには多数のプログラミング言語を習得。システム開発会社、データベースマーケティング支援会社を経て、2005年有限会社アイウェイズ（アイウェイズコンサルティングを経て現INSIGHT LAB株式会社）を設立。現在、同社代表取締役CEO。ビジネスアナリティクス業界に15年以上従事し豊富な経験を有する。PMP（米国プロジェクトマネジメント協会認定）、ITコーディネータ（経済産業省推進資格）、数学教員免許、ITILなどの資格を持つ。社会貢献としてキッズプログラミングスクール、障がい者向けの就労支援施設を設立、2013年より東京電機大学非常勤講師を務める。

INSIGHT LAB 株式会社（英語表記：INSIGHT LAB,Inc.）
https://www.insight-lab.co.jp/
【設立】2005年12月22日
【本社】東京都新宿区西新宿1丁目26番2号 新宿野村ビル23階　03-5909-1320
【拠点】札幌研究開発センター、沖縄支店、イスラエル
【社員数】60人
【事業内容】データビジュアライゼーション、データアナリティクス、データプレパレーション、システムデベロップメント、コンサルティング
【関係団体】一般社団法人ツクル
【パートナー】IBM Watson、QlikTech Solution Provider、IBM Watson SoftBank エコシステムパートナー、Aidemy　ビジネスパートナー、Automation Anywhere 販売パートナー

コンピュータにかわいいを学習させたら何が起きたか
──だれも教えてくれなかったビッグデータ分析のノウハウ

2019年3月6日　第1刷発行

著　者──遠山 功
発行所──ダイヤモンド社
　　　　　〒150-8409　東京都渋谷区神宮前6-12-17
　　　　　http://www.diamond.co.jp/
　　　　　電話／03・5778・7235（編集）　03・5778・7240（販売）
装丁─────渡邉和美（ダイヤモンド・グラフィック社）
本文デザイン─ダイヤモンド・グラフィック社
製作進行───ダイヤモンド・グラフィック社
印刷─────新藤慶昌堂
製本─────宮本製本所
編集担当───千野信浩

Ⓒ2019 Isao Tooyama
ISBN 978-4-478-10652-5

落丁・乱丁本はお手数ですが小社営業局宛にお送りください。送料小社負担にてお取替えいたします。但し、古書店で購入されたものについてはお取替えできません。
無断転載・複製を禁ず
Printed in Japan